V&R

EDITION **Leid**faden
Hrsg. von Monika Müller

Die Buchreihe *Edition Leidfaden* ist Teil des Programmschwerpunkts »Trauerbegleitung« bei Vandenhoeck & Ruprecht, in dessen Zentrum seit 2012 die Zeitschrift »Leidfaden – Fachmagazin für Krisen, Leid, Trauer« steht. Die Edition bietet Grundlagen zu wichtigen Einzelthemen und Fragestellungen im (semi-)professionellen Umgang mit Trauernden.

Carmen Birkholz

Trauer und Demenz

Trauerbegleitung als verstehender
Zugang und heilsame Zuwendung

Vandenhoeck & Ruprecht

Für Helmy, Ingeborg und Janne – meine Lehrerinnen

Mit 5 Abbildungen und 1 Tabelle

Bibliografische Information der Deutschen Nationalbibliothek
Die Deutsche Nationalbibliothek verzeichnet diese Publikation in der
Deutschen Nationalbibliografie; detaillierte bibliografische Daten sind
im Internet über http://dnb.d-nb.de abrufbar.

ISBN 978-3-525-40617-5

Weitere Ausgaben und Online-Angebote sind erhältlich unter:
www.vandenhoeck-ruprecht-verlage.com

Umschlagabbildung: Udo Geisler

© 2018, Vandenhoeck & Ruprecht GmbH & Co. KG,
Theaterstraße 13, D-37073 Göttingen/
www.vandenhoeck-ruprecht-verlage.com
Alle Rechte vorbehalten. Das Werk und seine Teile sind urheberrechtlich
geschützt. Jede Verwertung in anderen als den gesetzlich zugelassenen
Fällen bedarf der vorherigen schriftlichen Einwilligung des Verlages.
Printed in Germany.

Satz: SchwabScantechnik, Göttingen
Druck und Bindung: ⊕ Hubert & Co. GmbH & Co. KG BuchPartner,
Robert-Bosch-Breite 6, D-37079 Göttingen

Gedruckt auf alterungsbeständigem Papier.

Inhalt

Vorwort 7

1 Einführung 9

2 Wie äußert sich das, was man (noch) Demenz nennt? 13

3 Zugänge zu dementierenden Menschen 17

4 Demenzkonstruktionen 24
   4.1 Demenz im Selbsterleben von Betroffenen 30
   4.2 Demenz im Erleben von Angehörigen 36
   4.3 Demenz als lebendiges Totsein 41
   4.4 Demenz als Abschiedsweg aus dem Leben 45
   4.5 Demenz als »Auflösungsweg« von unerledigten
       Lebensaufgaben 46
   4.6 Demenz als neurologischer und sozialpsychologischer
       Veränderungsprozess 51
   4.7 Demenz als degenerative Erkrankung 59
   4.8 Demenz als Mythos einer Krankheit oder eine mögliche
       Form der Gehirnalterung? 61
   4.9 Demenz als Transzendieren der Knechtschaft der
       Vernunft – eine spirituelle Sicht 65

5 Was ist Trauerbegleitung bei Menschen mit Demenz? 67
   5.1 Haltung in der Trauerbegleitung 68
   5.2 Hilfreiches aus der Trauerforschung 69
   5.3 Trauerfaktoren von Menschen, die mit einer Demenz leben   77

5.3.1 Trauer, die durch die demenziellen Veränderungen
ausgelöst wird 77
5.3.2 Trauer, die durch die Pathologisierung und
Medikalisierung ausgelöst wird 88
5.3.3 Trauer durch Gewalterfahrung 90
5.3.4 Trauer durch erzwungene Wechsel des Wohnumfeldes 94
5.3.5 Trauer bei Demenz: unerkannt und infolge traumatisch 97
5.4 Die Praxis der Trauerbegleitung bei Menschen mit Demenz 102
5.4.1 Sprache finden in der Balance von Gestern und Heute 106
5.4.2 Nähe herstellen, emotional und körperlich 112
5.5 Trauerfaktoren von An- und Zugehörigen 115
5.5.1 Kommunikationsstörungen 116
5.5.2 Die Personen verändern sich 117
5.5.3 Zukunftsbilder 120
5.5.4 Veränderte Rollen 121
5.5.5 Zeugen und Zeuginnen der Würdelosigkeit und
der Entpersonalisierung 125
5.5.6 Fehlende gesellschaftliche Solidarität 126
5.5.7 Der Tod 127

6 Herausforderungen für die Demenz- und die Trauerforschung 131

**7 Aufgaben von Trauerbegleiterinnen und Trauerbegleitern
im Lebensabschnitt mit Demenz** 134
7.1 Trauer begleiten 134
7.2 Palliative Care und hospizliche Begleitung 137

8 Frieden schließen mit Demenz und abschiedlich leben 139

Literatur 143

Vorwort

Dank
»Gott, wir bringen vor dich unser ungelebtes Leben:
Wenn wir lachen, ohne uns wirklich zu freuen,
wenn wir versuchen uns zu lieben ohne wirkliche Beziehung,
wenn wir depressiv sind, ohne wirklich zu trauern,
wenn wir uns mit Medikamenten betäuben, anstatt Tränen zu weinen,
wenn wir vom Geist sprechen, ohne wirklich begeistert zu sein.
Gott, hilf uns, leise das Leben wieder zu lernen.«
Joachim Scharfenberg

Seit über zwanzig Jahren arbeite ich als Dozentin, Trainerin und Projektleiterin im Feld der Altenhilfe mit dem Schwerpunkt der hospizlich-palliativen Kultur. In Schulungen und ethischen Fallbesprechungen haben mich viele Mitarbeiter/-innen an ihren Erfahrungen und dem Leiden an der Praxis teilhaben lassen. Die Trauer schleicht Tag und Nacht durch die Flure von Altenpflegeeinrichtungen und beeinflusst die Bewohner/-innen und Mitarbeiter/-innen gleichermaßen. Ich verdanke vielen Menschen in diesem Feld die Substanz und Echtheit der Erfahrungen, die in dieses Buch einfließen.

Grundlegende Einsichten, die meine Haltung zu Trauer und Trauerbegleitung prägen, verdanke ich meinem Lehrer Prof. Joachim Scharfenberg.

Mein besonderer Dank gilt Helmy, Ingeborg und Janne, die ich in ihrem Alter begleiten darf und die mir – jede auf ihre individuell eigene Art – ihre Trauer zeigen, mit der ich oft verwoben bin. Hier bin ich An- und Zugehörige und wir teilen diesen Weg. Sie haben mir Schmerzen bereitet, aber auch viele glückliche Momente im Zusammenleben geschenkt, wenn sie »leibhaftige« Beispiele dafür sind, dass es die Demenz mit ihrem »Verlauf« nicht gibt. Als ich in diesem Sommer nach zwei schlaflosen Nächten Helmy fragte (der eine schwere Demenz zugeschrieben wurde), ob ich Ingeborg zu ihr ins Haus holen dürfe, damit wir hier alle zusammenleben, habe ich gemerkt, wie abhängig ich von ihrer Zustimmung war. Sie hat das gespürt und gesagt: »Sie ist dir ganz wichtig, ne. Da halten wir als Familie doch zusammen.« Ohne Helmys Zustimmung wäre es nicht gegangen, dass wir ihr Wohnzimmer ausräumen und ein Zimmer für meine sterbende mütterliche Freundin einrichten. Ingeborg hat sich mittlerweile vom Sterben verabschiedet. Im Zusammenleben haben wir uns alle aufeinander eingelassen und teilen das Leben – ein Leben, das auch mich verändert. Das Leben ist schön und ich möchte diese Erfahrung nicht missen!

Dass ich das so sagen kann, geht nur, weil mein Mann Rolf Plake der wunderbare Mensch ist, der er ist, und wir gemeinsam das Leben in Loyalität gegenüber denen, die uns über viele Jahre viel geschenkt haben, genießen. Ihm verdanke ich auch das Lesen des Manuskripts und viele geerdete Anregungen. Auch meine Freundinnen Monika Benend und Elisabeth Pieper teilen mein Ringen um das Thema und haben kritisch gelesen. Autoren und Autorinnen eines Buches sind immer viele. Einige habe ich mit Dank namentlich genannt.

1 Einführung

»Es ist lebenswichtig, in den Beziehungen zum anderen viel Raum für Wandel zu lassen. Zu solchen Änderungen kommt es in Übergangsphasen, in denen die Liebe tatsächlich reifen und sich ausweiten kann.
Dann ist man in der Lage, den anderen wirklich zu kennen – ihn zu sehen, wie er ist, mit seinen Fehlern und Schwächen, ein menschliches Wesen wie man selbst.
Erst in diesem Stadium ist man so weit, dass man sich ehrlich für den andern entscheiden kann – ein wahrer Akt der Liebe.«
Der XIV. Dalai Lama (in: Föllmi u. Föllmi, 2003)

Mir ist nicht wohl beim Reden von »Demenz«, weil ich glaube, dass es sie nicht gibt. Dieses Unbehagen begleitet mich bei all meiner Beschäftigung, beim Schreiben und Sprechen über das »Phänomen D«. Dieses Unbehagen auszuhalten ist wohl eine Aufgabe im Ringen um die Würde der betroffenen Menschen und im Versuch, angemessene Worte zu finden für das, was Betroffene erleben, und um eine diskursfähige Theorie zu entwickeln.

Die stigmatisierende, die ganze Person umfassende Macht der Wörter »Demenz« oder »demenzkrank« ist eine Verwundung der Würde der vielen alten Menschen, die zunehmend von Behinderungen im Alter betroffen sind. Dieses gesellschaftlich mächtige Phänomen der Hospitalisierung ohne feste Mauern, allein in den Köpfen breiter gesellschaftlicher Massen, löst in mir Ohnmacht und Trauer aus. Ich ringe um Worte, die dem Phänomen gerechter werden und die die Behinderungen zwar nicht wegreden, aber sie anders betrachten. Es ist mir noch nicht gelungen, ein anderes Wort zu finden, das fähig ist, einem Diskurs standzuhalten. Ich suche danach. Und gleichzeitig denke ich, ich finde kein Wort, weil es keines gibt, sondern die Lösung in der grundsätzlichen Abschaffung des Wortes »Demenz« liegt.

Es geht um überwiegend alte Menschen, deren Leistungsfähigkeit nachlässt und die, wollen sie ein erfülltes Leben bis zuletzt leben – ganz nach den Leitgedanken der Hospiz- und Palliativbewegung –, auf eine mitmenschliche Einbettung angewiesen sind. Diese Einbettung muss die ganze Gesellschaft leisten und kann nicht von den An- und Zugehörigen allein (persönliche Überforderung) oder den zunehmend verzweigten gesetzlichen Versorgungsformen getragen werden (finanzielle Überforderung).

Eine These: Demenz erscheint als Phänomen in einer immer schnelllebigeren Welt, die alle abhängt, die nicht schnell genug sind (vgl. Geiger, 2011, S. 58; Gronemeyer, 2013). In den dementierenden Erscheinungsformen zeigt sich in einem Aspekt die Trauer, dass man in unserer Gesellschaft nicht alt, langsam, bruchstückhaft werden darf, ohne aus dem »Wir« einer Gesellschaft herauszufallen, gar abgesondert zu werden. Dieses Phänomen hat der französischen Philosoph Michel Foucault beschrieben (Foucault, 1968) und die »Geburt der Krankheit Demenz« wird später unter dem Aspekt der Medikalisierung betrachtet.

Demenz unter dem Blick der Trauer zu sehen, eröffnet hilfreiche Verstehenshorizonte für die Betroffenen, die Begleitenden und eine Gesellschaft, die ein Jahrhundert der schnellen Entwicklungen und der mörderischen Gewalt hinter sich hat und in ein Jahrhundert übergegangen ist, in dem beides fortgeführt wird.

Die Demenz als Trauerreaktion zu interpretieren, ist ein Aspekt. Der andere ist, die Vielfalt von Erfahrungen in den Blick zu nehmen, die Trauer in den Betroffenen auslösen können.

Menschen mit Demenz sind in den letzten Jahren ihres Lebens von vielfältigen Abschieden und Verlusten betroffen, wobei ihr dementierendes Verhalten und Erleben und die gesellschaftliche Reaktion darauf für sie selbst und ihre Zugehörigen eine wesentliche Quelle von Trauer sind. Demenz unter dem Blick der Trauer zu betrachten, kann ein hilfreicher Zugang für Begleitende sein. Viele Emotionen und Verhaltensweisen werden leichter verständlich. Viele Begleitende kennen Trauer aus eigener Erfahrung. So ist sie eine Möglichkeit zur Begegnung auf Augenhöhe, in der emotional Solidarität empfunden werden kann. Trauerbegleitung kann so ein wichtiger Aspekt in der Begleitung von Menschen mit Demenz sein, die die Würde aller wiederherstellen kann (vgl. Birkholz, 2014).

Mit den Kategorien der frühen Trauerforschung (Elisabeth Kübler-Ross, Verena Kast) lässt sich die These aufstellen, dass Gesellschaften, die phobisch mit dem Phänomen Demenz umgehen, in der Phase des Verdrängens sind. Es stellt sich die Aufgabe (William Worden), den Verlust der Größenphantasie über den Menschen zu begreifen und dann weiter zu trauern, bis am Ende die Brüchigkeit und Sterblichkeit des Menschen Akzeptanz und eine sorgende Einbettung in das Soziale finden können.

Demenz wird hier als eine Form betrachtet, sich aus dem Leben zu verabschieden. Dieser Blick ermöglicht, die Würde der Betroffenen zu wahren. Mit dem Blick auf Faktoren, die die Trauer erschweren, geht es mir darum, das in der Gesellschaft vorherrschende Bild von Demenz als Krankheit kritisch zu hinterfragen und als Konstruktion zu verstehen. Menschen, die in der Altenhilfe oder der Palliativen Geriatrie dementierende Menschen begleiten, berichten vom Ringen um die Würde der Betroffenen und folgen verstärkt personzentrierten Ansätzen von z. B. Tom Kitwood und Naomi Feil. Es geht dabei immer wieder auch um die Suche nach einer angemessenen Sprache. Die niederländische Pflegewissenschaftlerin Corry Bosch (1998) hat in ihrer Vertrautheitsstudie z. B. den Begriff »dementierend« geprägt, da sie gegen ein statisches Verständnis von Demenz das Prozesshafte darstellen möchte und die An- und Zugehörigen oder Begleitende in der Pflege sich auf konkrete, sehr unterschiedliche und individuelle Verhaltensweisen einlassen müssen, um Menschen zu verstehen.

Das vorliegende Buch verbindet ressourcenorientierte Begegnungsansätze mit einer wertschätzenden Haltung der Trauerbegleitung. Neben der Trauer der dementierenden Menschen wird der oft lange und gesellschaftlich wenig beachtete Trauerweg der An- und Zugehörigen beschrieben. Es werden Definitionen und Äußerungen verschiedener Disziplinen zu Demenz reflektiert und nach hilfreichen Annahmen für eine förderliche Trauerbegleitung gefragt. Diese kann Wesentliches zur Qualität des Lebens mit Demenz beitragen. Es stellt in vielen Alltagsbeispielen die Unterschiedlichkeit erlebter Praxis dar. Speziell wird auf die Rolle der hospizlich orientierten Sterbe- und Trauerbegleiter/-innen eingegangen und ihren Begleitungsauftrag von Menschen mit und ohne Demenz.

2 Wie äußert sich das, was man (noch) Demenz nennt?

»Wenn ich zu Hause bin, was nicht allzu oft vorkommt, da wir die Last der Betreuung auf mehrere Schultern verteilen können, wecke ich den Vater gegen neun. Er liegt ganz verdattert unter seiner Decke, ist aber ausreichend daran gewöhnt, dass Menschen, die er nicht erkennt, in sein Schlafzimmer treten, so dass er sich nicht beklagt.
›Willst du nicht aufstehen?‹, frage ich ihn freundlich.
Und um ein wenig Optimismus zu verbreiten, füge ich hinzu: ›Was für ein schönes Leben wir haben.‹
Skeptisch rappelt er sich hoch. ›Du vielleicht‹, sagt er.
Ich reiche ihm seine Socken, er betrachtet die Socken ein Weilchen mit hochgezogenen Augenbrauen und sagt dann: ›Wo ist der dritte?‹
Ich helfe ihm beim Anziehen, damit das Prozedere nicht ewig dauert, er lässt es bereitwillig über sich ergehen. Anschließend schiebe ich ihn hinunter in die Küche, wo er sein Frühstück bekommt.
Nach dem Frühstück fordere ich ihn auf, sich rasieren zu gehen. Er sagt augenzwinkernd: ›Ich wäre besser zu Hause geblieben. Dich komme ich nicht so schnell wieder besuchen.‹«
(Geiger, 2011, S. 9).

Wann erscheint die Frage im Raum, ob jemand dement ist? Wenn jemand vergesslich wird und sich anders verhält, als man es gewohnt war und erwarten würde. Dieses »anders« bezieht sich auf zeitliche, örtliche, situations- und personenbezogene Dimensionen.

Wie lange jemand mit einer Demenz lebt, ist nicht genau zu sagen, da die Anfänge oft schleichend sind und eine Altersvergesslichkeit als »normal« empfunden wird. Man kann gut sieben bis zehn Jahre mit einer Demenz leben. Sowohl die Einschränkungen als auch der Verlauf sind individuell unterschiedlich und nicht vorhersagbar. Hält man eine Einteilung für hilfreich, gibt Tom Kitwood mit einer offenen Definition der Beschreibung der Wirklichkeit am meisten Raum. »In der allgemeinen Diskussion gilt eine Demenz als leicht, wenn eine Person noch immer die Fähigkeit hat, allein zurechtzukommen. Bei mittlerer Demenz bedarf es gewisser Hilfe bei der Bewältigung der gewöhnlichen Lebensführung, und eine schwere Demenz besteht, wenn dauerhaft Hilfe und Unterstützung erforderlich sind« (Kitwood, 2008, S. 43).

Im Rahmen ärztlicher Diagnostik werden Fragen gestellt wie: »Wissen Sie, welchen Tag wir heute haben? Können Sie mir sagen, wo wir hier sind? Was denken Sie, warum Sie hier sind? Wie heißen Sie und wer sind die Personen hier am Tisch?« Es gibt eine Reihe von medizinisch-psychologischen Tests, die zur Einschätzung einer Demenz und ihres Grades üblich geworden sind und diagnostische Relevanz erreicht haben. Am bekanntesten sind der sogenannte Mini-Mental-State-Test oder der Uhrentest (vgl. ausführlich Förstl, 2011, S. 551 ff.) und die ausführliche Skala nach Barry Reisberg, der sieben Stadien angibt und die Verschlechterung der Betroffenen nach neurologischen Faktoren beschreibt bis hin zu einem Zustand völliger Abhängigkeit und des Verlustes psychomotorischer Fähigkeiten (Reisberg et al., 1982).

Hinter der medizinischen Lesart steht ein reduktionistisches Menschenbild, das nach Schwächen sucht und über Defizite definiert. Sie entwickelt eine Pathologie, die Körper und Geist des Menschen umfasst. Es stehen sich Gesundheit und Krankheit gegenüber, normal und pathologisch.

Wobei z. B. die Weltgesundheitsorganisation (WHO) nicht Krankheit definiert, sondern Gesundheit und die Abwesenheit von Gesundheit im Umkehrschluss Krankheit ist. So beschrieb sie 1948 Gesundheit als »ein[en] Zustand völligen psychischen, physischen und sozialen Wohlbefindens und nicht nur [als] das Freisein von Krankheit und Gebrechen. Sich des bestmöglichen Gesundheitszustandes zu erfreuen ist ein Grundrecht jedes Menschen, ohne Unterschied der Rasse, der Religion, der politischen Überzeugung, der wirtschaftlichen oder sozialen Stellung« (Bundesministerium für Gesundheit und Frauen, Wien, o. J.). Diese Definition wurde 1986 durch die 1. Gesundheitskonferenz in Ottawa verfeinert und mit weltpolitischem Anspruch in der Ottawa-Charta (1986) formuliert. Gesundheit hängt von vielen Bedingungen ab und diese sollen für alle Menschen geschaffen werden. Diese Sicht ist gesundheitspolitisch revolutionär gewesen und immer noch in vielen Gebieten der Erde unerreicht. Sie hilft jedoch nicht weiter, wenn Menschen auf umfassende Sorge angewiesen sind und ihre Selbstbestimmung sich zunehmend einschränkt. Dann wird in ihrer Logik ein defizitäres Menschenbild gefördert und Menschen mit Behinderungen sind »krank«.

Die Mediziner Peter J. Whitehouse und Daniel George formulieren eine andere Sicht auf die Phänomene, die auf eine (beginnende) Demenz weisen. Sie nehmen die gleichen Desorientierungen wahr, interpretieren sie aber in einem anderen Werterahmen. Sie sehen in den Veränderungen einen möglichen, normalen Prozess der Gehirnalterung, der dazu herausfordert, die Lebenschancen des Alters aktiv zu gestalten (Whitehouse u. George, 2009). Ihr Interesse besteht darin, den »Mythos Alzheimer« zu entlarven und die Geschichte der Gehirnalterung neu zu schreiben, so dass das Phänomen eine Integration in die Gesellschaft findet und es für Betroffene leichter wird, damit sinnerfüllt zu leben.

Es gibt unterschiedliche Phänomene, die eine kognitive Behinderung ausmachen. Die Ausprägung und die Reaktionsmuster der Betroffenen hinsichtlich dieser Phänomene sind individuell und situativ unterschiedlich (siehe Tabelle 1).

Tabelle 1: Dimensionen dementierenden Erlebens in Beispielen

Phänomen	Äußerung	Reaktion
Vergessen	• Versäumen von Terminen • Vergessen von Essen, Trinken, Medikamenteneinnahme • Vergessen kurz zurückliegender Ereignisse (Kurzzeitgedächtnis)	• Erschrecken, Verunsicherung • Leugnen • Verantwortung anderen geben (»Ich war das nicht«)
Zeitverschoben leben	• Sich in anderen Zeiten der eigenen Biografie erleben (als berufstätige/-r Frau/Mann; als Schüler/-in; als Tochter/Sohn etc.)	• Sich als junge Frau/junger Mann empfinden • Die Identität/Rolle eines vergangenen Ichs jetzt leben
Personenverschoben leben	• Abgleich der Personen, Orte etc. der Ist-Zeit mit der biografischen Jetzt-Erinnerungszeit	• Aktuelle Personen mit anderen Namen ansprechen • »Wo ist denn Christel?« als Frage nach der verstorbenen Schwester
Situationsverschoben leben	• Ist-Zeit wird in bekannte Situationsmuster eingeordnet	• Tagespflege als Dienstzeit • Gruppensingangebot als Chorgemeinschaft • Mitbewohner/-innen im Tagesraum eines Pflegeheims als Kegelclub

3 Zugänge zu dementierenden Menschen

Tom Kitwood, der Begründer der personzentrierten Pflege, beschreibt sieben Zugangswege zu Menschen mit Demenz. Die Quellen des Wissens sind dabei die Personen selbst in ihren Selbstaussagen, also was man hört, wenn man ihnen aufmerksam und phantasievoll lauscht, und wenn sie eine Sprache verwenden, die sich von der Alltagssprache unterscheidet. Man kann ihr Handeln beobachten und sie befragen. Auch die eigene »poetische Vorstellungskraft« (Kitwood, 2008, S. 115) ist als ein Weg zu verstehen, indem man die Sachsprache verlässt und in Gedichten sagt, was man wahrnimmt. Eine weitere Möglichkeit ist das Rollenspiel in der Gruppe, das Einfühlung erfordert und Erkenntnisse aus der Darstellung heraus gewinnt (vgl. Kitwood, 2008, S. 111 ff.).

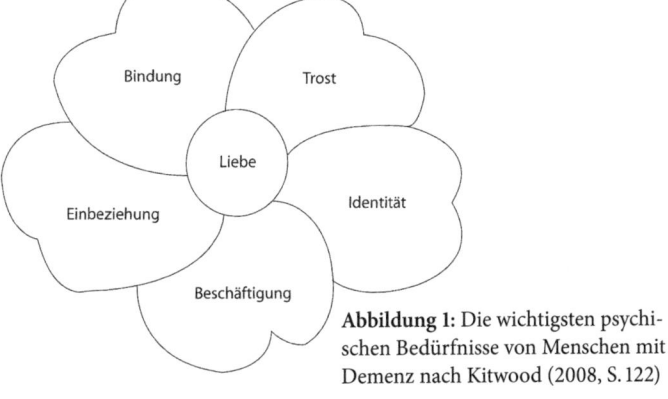

Abbildung 1: Die wichtigsten psychischen Bedürfnisse von Menschen mit Demenz nach Kitwood (2008, S. 122)

Tom Kitwood fragt nach dem, was Menschen mit Demenz brauchen, und sieht die Bedürfnisse nach Trost, Bindung, Einbeziehung, Beschäftigung und Identität (siehe Abbildung 1). »Bei Menschen mit Demenz, die weitaus verletzlicher und gewöhnlich weniger in der Lage sind, die zur Befriedigung ihrer Bedürfnisse notwendigen Initiativen zu ergreifen, sind diese Bedürfnisse deutlich sichtbar« (Kitwood, 2008, S. 121).

Dabei achtet eine angemessene Reaktion die Bedürfnisse von Menschen mit Demenz in ihrer Verletzlichkeit. »Bei jedem unvermeidlichen Leiden werden sie sich weitaus besser unterstützt und viel weniger allein fühlen. Sie werden ein neues Kapitel in ihrem Leben haben, mit seinen eigenen, speziellen Freuden und Vergnügen. Und schließlich werden sie auch eher in der Lage sein, in Ruhe den Eintritt des Todes zu akzeptieren« (Kitwood, 2008, S. 127).

Das verletzliche Wesen des Menschen nimmt auch die Mäeutik auf. Das Wort Mäeutik stammt aus der griechischen Antike und wird Sokrates zugeordnet. Der Philosoph führte sogenannte Sokratische Gespräche mit der Überzeugung, dass er nicht die Antworten gibt, sondern im Gespräch durch seine Fragen in den Anderen selbst die Antwort entstehen lässt. So ist das lebensberatende philosophische Gespräch wie die Kunst der Hebamme: Sie selbst lässt das Baby nicht entstehen, sondern verhilft der Mutter zur Geburt. Die niederländische Pflegewissenschaftlerin Cora van der Kooij nimmt diesen alten Begriff auf und definiert ihn für sich als »Hebammenkunst für das Pflegetalent« (van der Kooij, 2017, S. 19). Entstanden ist ihre Pflegetheorie aus der Arbeit mit Menschen mit Demenz im stationären Kontext heraus und hat sich weiter entwickelt in der Pflege von Menschen mit körperlichen Behinderungen, der Psychiatrie, Neurologie und in hospizliche Pflege hinein (van der Kooij, 2017, S. 20). Sie knüpft bei Tom Kitwood an und meint, Mäeutik »ist ein personenzentriertes Pflegemodell, mit einer psychodynamischen

Orientierung auf Menschen, Gesundheit und Krankheit« (van der Kooij, 2017, S. 102). Sie stellt die pflegebedürftigen Personen in den Mittelpunkt und sieht den Menschen in seiner individuellen Lebensgeschichte. Entscheidend sind die Geschichten, die jemand von sich selbst erzählt, in denen sein »Selbstkonzept« sichtbar wird, also das, wie sie oder er sich selbst erlebt.

Fragen sind relevant: Warum benötigt jemand Pflege? Wie zeigt sich seine Verletzlichkeit? Worin ist er abhängig und was bedeutet ein Leben in Abhängigkeit für einen Menschen?

»Ausgangspunkt für Pflegewissen und Pflegequalität sind die positiven Momente von Kontakt und die sich daraus entwickelnden Pflegebeziehungen« (van der Kooij, 2017, S. 21). Diese Art zu pflegen wird Erlebnispflege genannt. Sie folgt keinem problemorientierten Denken und ihr Bezugsrahmen ist nicht fokussiert auf die Defizite und somit nicht auf das, was jemand »nicht mehr« kann oder »noch« kann, denn auch das »Noch« ist am Defizit orientiert.

Sie schöpft Wissen aus den echten Begegnungen der Pflegenden mit den zu Pflegenden. Das Menschenbild, das hinter der Mäeutik steht, sieht als verbindendes Element zwischen Menschen mit und ohne Demenz die Verletzlichkeit (van der Kooij, 2017, S. 30). Verletzlichkeit kennt jede oder jeder und so ist eine einfühlende, empathische Pflegebegegnung möglich.

Für die Qualifizierung der Pflegenden bedeutet dies, dass sie medizinisch-pflegerisches Know-how mit den Gefühlen und Empfindungen, die die Begegnung auslöst, verbinden und sie reflektiert in Worte fassen können. Das mäeutische Modell braucht daher Einzelne, die dies können, und ein Team, in dem die Erkenntnisse kommuniziert werden.

Die Pflegenden und Begleitenden finden mit dem Know-how ihrer Berufsbildung (Ausbildung plus Erfahrung) – verbunden mit einer situativen Intuition – einen Zugang zum Verhalten dementierender Menschen. Sie finden so für sich die Antworten für eine angemessene Reaktion. Die zu Pflegenden werden dann nicht nur gut versorgt, sondern auch »gekannt« und anerkannt (van der Kooij, 2017, S. 40). Pflege bedeutet dann immer eine Begegnung zwischen einem Ich und einem Du – in beide Richtungen (vgl. Buber, 2014). Cora van der Kooij kritisiert die reduktionistische Fragerichtung der medizinisch-psychologischen »Messinstrumente« zur Einschätzung einer Demenz. Sie stellt andere Fragen an das dementierende Empfinden und Verhalten der Betroffenen und beschreibt die Entwicklung als »das Bedrohte, das Ver(w)irrte, das Verborgene und das Versunkene Ich« (van der Kooij, 2004, S. 72).

Um den Stress der dementierenden Personen zu verringern, die ganz real mit den Begebenheiten der Ist-Zeit in Konflikt geraten, entstanden Konzepte, um die Scheinwelten in die reale Welt zu integrieren. Bekannt geworden sind z. B. das Errichten einer Bushaltestelle oder eines Zugabteils im Pflegeheim oder gar das 2009 entstandene Demenzdorf »De Hogewey«, das als Pflegeeinrichtung in der niederländischen Kleinstadt Weesp geführt wird (Hans, 2012). Hier leben Menschen mit Demenz in Wohngruppen in verschiedenen Häusern, die wie ein Ring angeordnet sind und nur einen bewachten Ausgang haben. Es gestaltet sich als Dorf mit Frisör, Café, Konzertsaal und Supermarkt. Innerhalb des Dorfes haben die Bewohner/-innen die Freiheit, dorthin zu gehen, wohin sie mögen. Sie leben in einer eigenen Welt, die der natürlichen Welt nachempfunden wurde. Sie können das Dorf jedoch nicht verlassen, es sei denn mit Begleitung. Diese Konzepte finden ihre Befürworter/-innen und Kritiker/-innen. Die Befürworter/-innen möchten gern Vertrautheit und Sicherheit vermitteln, um ein hohes Maß an Mobilität, sozialen Kontakten und dadurch an Lebensqualität zu erhalten. Die Kritiker/-innen fühlen die Würde der Menschen verletzt, da sie getäuscht würden.

Vermutlich gibt es für beide Positionen gute Gründe. Dementierendes Erleben ist kein statisches Erleben, sondern ein »Wandern zwischen den Welten«. So kann sich jemand an der Haltestelle vertraut fühlen und auf den Bus warten, aber eine Störung bekommen, wenn er nun zum Essen kommen soll, d. h., die wohlmeinenden Gründe für die Scheinwelt werden durch die Tagesabläufe eines Pflegeheims gebrochen. Wendet man nun ein, dass dies ja in dem Demenzdorf genau anders gelöst sei, denn dort würden alle Lebensbezüge in der Scheinwelt einbezogen, bedeutet dies aber, dass jemand aus der Scheinwelt nicht mehr herauskommt. Um das nicht zu brechen, müssen alle, die von außen kommen (Betreuende, Familie, Freunde und Freundinnen etc.) bis zu einem gewissen Grad »spielen«. Es gibt innerhalb des Dorfes keine »echten« Kontakte mehr, sondern Mitbewohner/-innen und Beschäftigte des Pflegeheims. Dies friert den Menschen mit Demenz in seiner Demenz ein und ist ethisch zu reflektieren.

Eine Trauerbegleitung braucht die authentische Begegnung, daran müssen sich Erklärungen und Zugänge zu dementierenden Menschen messen lassen.

Tom Kitwood schlägt für Menschen mit Demenz »zwölf Kategorien positiver Interaktion« vor (Innes, 2014, S. 23; vgl. Kitwood, 2008, S. 133 ff.):

1. Anerkennen,
2. Verhandeln,
3. Zusammenarbeiten,
4. Spielen,
5. Timalation (würdigende multisensorische Stimulation),
6. Feiern,
7. Entspannen,
8. Validation,
9. Halten,
10. Erleichtern,
11. Kreativ sein,
12. Geben.

Für einen leichten Einstieg ins Verstehen von Menschen mit Demenz eignete sich der Ansatz des Niederländers Huub Buijssen. Sein berufliches Leben hat er als Klinischer Psychologe und Psychogerontologe der Demenz gewidmet und seine persönlichen Erfahrungen der Betroffenheit über seine Eltern gewonnen. Man muss nicht viel über Demenz wissen, um das Leben mit Demenzbetroffenen zu erleichtern. Buijssen hat zwei Demenzgesetze formuliert, die er herleitet aus Kenntnissen über die Funktionsweise des Gehirns und aus »schlichter« sozialer Intelligenz nach dem Motto: »Was du nicht willst, das man dir tut, das füg auch keinem anderen zu.« Das erste Gesetz besagt, dass ein Mensch, dessen Kurzzeitgedächtnis beschädigt ist, sich Informationen nicht länger als dreißig Sekunden merken kann. Daher wiederholt er immer wieder das, was gerade von Bedeutung ist, und weiß z. B. nach einem Besuch nicht mehr, dass jemand da war. Es gibt zwei Ausnahmen von dieser Regel:
- Wenn etwas von besonderer emotionaler Bedeutung ist, bleibt es in Erinnerung. So kann jemand sich z. B. an einen Konzertbesuch erinnern, wenn er von großer Bedeutung war. So ist es auch möglich, Neues zu erlernen, z. B. sich den Namen einer neuen Freundin zu merken.
- Regelmäßig wiederkehrende Personen oder Situationen können auch erinnert werden, wie der tägliche Besuch des Pflegedienstes oder der Bus, der vorfährt, um zur Tagespflege abzuholen.

Das zweite Demenzgesetz besagt, dass Erinnerungen und Fertigkeiten, die recht jung sind, als Erste vergessen werden und somit das, was fest im Langzeitgedächtnis verankert ist, lange abrufbar ist. So kann jemand den letzten Urlaub nicht erinnern, aber lebendig von früher erzählen (Buijssen, 2013, S. 17 ff.; vgl. auch Buijssen, 2008).

Aus diesen Gesetzen leitet er Umgangsregeln ab, die es jeder und jedem ohne großes Wissen über Demenz ermöglichen soll, leichter und erfüllter mit Dementierenden zu leben. Er formuliert sie als Empfehlungen, die sein Büchlein gliedern, wie folgende Auswahl zeigt: »Sprechen Sie über die Vergangenheit/Vermeiden Sie Ja-Nein-Doch-Diskussionen/Langsam ist manchmal am schnellsten/Mit Humor geht alles leichter/Bitte keine Kritik/Jeder möchte sich nützlich machen/Verabschieden Sie sich von Schuldgefühlen« (Buijssen, 2013, S. 6 f.).

4 Demenzkonstruktionen

»Demenz ist ...« So fangen Definitionen an. Es gibt unterschiedliche Definitionen von Demenz, die von unterschiedlichen Interessen geleitet sind. Ich folge darin dem sozialwissenschaftlichen Statement von Peter Berger und Thomas Luckmann, dass das, was wir erleben, immer eine soziale Konstruktion der Wirklichkeit ist (Berger u. Luckmann, 2016). Dies gilt sowohl für die Welt eines jeden Menschen als auch für die Wissenschaft. Es gibt die objektive Wirklichkeit nicht. Die konstruierte Wirklichkeit der Demenz hat Auswirkungen auf das Befinden der Betroffenen, auf die Begegnung mit ihnen bis hin zu dem Ausmaß an Ressourcen, die eine Gesellschaft bereit ist, ihnen zur Verfügung zu stellen.

Sozialwissenschaftliches Denken stellt allem »Wissen« über Demenz die reflektierenden Fragen entgegen (Innes, 2014, S. 16):
- Was wissen wir über Demenz?
- Wie wissen wir das, was wir über Demenz wissen?
- Woher stammt das Wissen, das wir haben?
- Was geschieht mit unseren Erkenntnissen in Politik/Praxis/Forschungssituationen?

Wenn ich diese Frage an alles stelle, was über Demenz als scheinbar objektive Wahrheit geschrieben und gesprochen wird, geraten viele Theorien sehr schnell auf Glatteis. Letztlich wissen wir nicht viel über Demenz, keine Disziplin weiß sehr viel, sondern spiegelt ihre eigenen Werte, Maßstäbe und Interessen wider.

Mein »Wissen« speist sich aus vielem, was ich gelesen habe, und ich messe es an meinem alltäglichen (Zusammen-)Leben mit Menschen mit Demenz, die für sich sehr unterschiedlich sind. Mein Interesse ist die Suche nach einer Lesart von Demenz, die zudem mit einer theologischen Anthropologie zu vereinen ist, d. h., ein Mensch kann seine Würde nicht verlieren (Härle, 2010) und auch nicht sein Menschsein. Er oder sie bleibt Person bis zum letzten Atemzug und es gehört ebenso zur Würde der Betroffenen wie zur Würde der Begleitenden, ein sorgendes und achtungsvolles Verhältnis zu erhalten (Birkholz, 2014). Das Fragmentarische (Luther, 1992), das Leiden, Gebrechlichwerden und Sterben gehören zum Menschsein dazu. Sie sind keine Krankheit und nicht zu bekämpfen.

Vor etwa acht Jahren ist Frau S. nach dem Gespräch mit einer Freundin einer Gesellschaft beigetreten, die Sterbehilfe unterstützt. Sie wollte selbst entscheiden, wann der Zeitpunkt für sie gekommen ist, aus dem Leben zu gehen. Dieser Zeitpunkt sollte sein, bevor sie von anderen abhängig würde. So hatten die Freundinnen es an vielen Abenden diskutiert – auch mit der Angst vor Demenz. »Solange ich im Kopf noch klar bin, geht es; danach will ich nicht mehr leben«, sagte sie oft. Beide hatten in den 1990er Jahren die Diskussion um ein würdevolles Sterben verfolgt, an der sich der katholische Theologe Hans Küng und der Altphilologe und Literaturhistoriker Walter Jens mit einer Position zur aktiven Sterbehilfe beteiligten. Beide Männer gehörten zu ihrer eigenen Generation. Sie lasen gemeinsam das Buch »Menschenwürdig sterben« (Jens u. Küng, 2009) und diskutierten immer wieder die Fragen um Autonomie, Sicherheit, Schmerzfreiheit und waren ganz der Meinung von Hans Küng, wenn er sagte: »Ich möchte ebenfalls nicht erleben, was mir ein anderer Arzt ganz freundlich zu meiner Beruhigung gesagt hat: ›Sie spüren ja unter Umständen gar nicht mehr, wenn Sie einen fortgeschrittenen Alzheimer haben. Sie können ganz glücklich dabei sein. Wir haben da den Fall eines Professors, der nicht mehr weiß, wer er ist, und jeden Tag sich aus der Klinik entfernt und ganz munter in die Stadt geht; er trägt eine Nummer auf dem Rücken, seine Telefonnummer; er geht dann in eine Bar und kommt nach ein paar Stunden wieder fidel zurück.‹ Also ehrlich gesagt, so möchte ich mich nicht eines Tages zum Gespött der Überlebenden durch Tübingen wandeln sehen!« (Jens u. Küng, 2009, S. 185 f.). Die beiden Freundinnen folgten den Worten von Walter Jens, der um die Autonomie und die Zumutbarkeit von Leiden und Hinfälligkeit stritt für einen Menschen »und seine Angehörigen, in deren Gedächtnis der Sterbende als ein Autonomie beanspruchendes Subjekt in Erinnerung zu bleiben wünscht und nicht als entwürdigtes, verzerrtes und entstelltes Wesen, dessen elendes Bild alle anderen auslöscht« (Jens u. Küng, 2009, S. 117). Sie fanden ähnliche Worte wieder in den Broschüren einer Sterbehilfeorganisation, die das würdevolle Sterben in den Vordergrund stellten. Beide hatten eine Patientenverfügung. Sie orientierte sich an der Vorlage der Christlichen Patientenverfügung und ihre Freundin füllte das Formular der Patientenverfügung dieser Organisation aus, in der auch der Tötungswunsch formuliert war, falls sie eine Demenz erleiden sollte.

Das Leben wurde mit den Jahren schleichend mühsamer, die Dinge des Alltags entglitten ihr mehr und mehr. Mahnungen kamen ins Haus für Rechnungen, die sie doch bezahlt hatte! Wie war das zu erklären? Die Welt wurde bedrohlicher und schneller. Dass sie beim Ausfüllen des Überweisungsträgers vergessen hatte, die Kontonummer des Empfängers einzutragen, konnte sie sich nicht erklären. Sie wurde ungehalten, wütend und ungerecht zu ihrer Tochter, die sie auf den Fehler aufmerksam machte. Dann wurde sie wieder traurig und fühlte sich überfordert. Es gab immer wieder Streit, weil sie Hilfsangebote als Angriff auf ihre Selbstständigkeit ansah. Sie hatte schon vor vielen Jahren alle Vollmachten mit ihrer Tochter wohlüberlegt ausgefüllt, aber jetzt misstraute sie ihr. Die Stimmung war gespannt und dann wieder voller Nähe mit der traurigen Einsicht: »Ich schaffe das alles nicht mehr.«

Das Leben in ihr nahm sich zurück. Sie spürte, wie ihre Kräfte nachließen und sie gern mehr abgäbe, aber die Kontrolle verlieren wollte sie auch nicht. Ein schmerzlicher Prozess begann für beide, für sie und ihre Tochter.

Die Tochter sah zuweilen hilflos zu, wie ihre Mutter mit dem alltäglichen Leben immer weniger zurechtkam, aber sich nicht auf Unterstützung von außen einlassen wollte. Die Tochter machte sich Sorgen und schlief nachts schlecht, weil das Gedankenkarussell nicht zur Ruhe kommen wollte. Sie hatte gehofft, ihre Mutter ließe sich mit dem altersbedingten Abbau noch etwas Zeit. Sie selbst war gerade beruflich in ein gutes, aber forderndes Projekt eingebunden. Sie spürte, dass nun die Zeit gekommen war, in der sie mehr Verantwortung für ihre Mutter übernehmen musste und die Fürsorge auch ihr Leben veränderte.

Die Wochen gingen ins Land, ohne dass sich etwas veränderte. Dann stürzte die Mutter unglücklich in ihrer Wohnung und musste im Krankenhaus behandelt werden. Die leichte Altersvergesslichkeit und die spürbare Überforderung mit manchen geschäftlichen Dingen des Alltages wichen nun einem delirähnlichen Zustand. »Sie kann keinen Satz mehr geradeaus sagen«, meinte die Tochter erschrocken nach einem Besuch im Krankenhaus.

Die Ärztinnen und Ärzte diagnostizierten eine vaskuläre Demenz und der Sozialdienst des Hauses stieß eine Begutachtung zur Festlegung eines Pflegegrades an. Die Verlegung in eine geriatrische Abteilung sollte der Stabilisierung dienen. Dort zog sie sich eine Lungenentzündung zu, die antibiotisch behandelt wurde, und bekam Medikamente, die sie sehr schläfrig machten. Ihr Allgemeinzustand verschlechterte sich derart, dass man sich auf ihr Sterben einstellte.

Die Tochter meinte, dass das Sterben ganz im Sinne ihrer Mutter wäre, denn sie wollte nicht in Abhängigkeit von anderen leben und verwies auf die Patientenverfügung. Sie organisierte den Besuch des Pfarrers ihrer Mutter, der sie seit vielen Jahren gut kannte. Er kam und segnete sie.

Sie starb im Krankenhaus nicht. War es ein Segen oder ein Fluch der Medizin? Das war nicht immer klar. Sie wurde im Rollstuhl als »palliativ« entlassen. Die Tochter hatte mit ihrer Familie entschieden, die Mutter zum Sterben zu sich zu holen.

Die Pflege war intensiv und wurde neben der familiären Zuwendung von sehr empathischen Pflegerinnen eines ambulanten Dienstes übernommen. Für die Tochter und ihre Familie änderte sich von einem Tag auf den anderen das Leben. Sie reduzierte etwas beruflich und den Spagat zwischen der Sorgearbeit zu Hause und den Anforderungen des beruflichen Projekts versuchte sie zu gestalten. Es sollte ja nur für einige Wochen sein, für die Zeit der Sterbebegleitung ihrer Mutter. Es war anstrengend, aber auch von vielen Momenten der Nähe und Dankbarkeit begleitet.

Die Mutter starb nicht. Die, die ihr Leben mithilfe einer Organisation für Sterbehilfe beenden wollte, sagte nun nachdenklich und berührt: »Ich hätte nicht gedacht, dass ich es einmal genießen würde, gepflegt zu werden.« Oft bedankte sie sich abends im Bett bei ihrer Tochter für das, was sie und ihre Familie für sie taten. Das Leben in der Familie ihrer Tochter nahm ihr die Verantwortung für die Dinge des täglichen Lebens ab. Sie genoss es, versorgt zu werden, das gemeinsame Essen, Gespräche über früher und was werden sollte.

Demenz? Es gab Tage, da war sie stundenlang versunken und wie in einer anderen Welt, aus der zuweilen Namen und Themen in den Raum kamen, die der Tochter einen Anhaltspunkt gaben, womit sich ihre Mutter gerade beschäftigte. Sie hörte aber auch sehr verworrene und irreale Geschichten, die sie nicht einordnen konnte und die sie für symbolische Erzählungen ihrer Konflikte hielt. Es schien ihr, dass die Mutter die Problemthemen ihres

Lebens in den Tagen und Nächten durcharbeitete. War es nicht gut, dass sie das jetzt konnte in dieser geschützten Umgebung? In der Anspannung und Hektik, die für sie so typisch waren, schien es, dass sie über Jahrzehnte die belastenden Lebenserfahrungen verdrängt hatte.

Wenn ihre Tochter die Anspannung früher angesprochen hatte, sagte die Mutter immer, sie könne nicht aus ihrer Haut, es sei so anstrengend gewesen nach dem frühen Tod des Mannes, der finanziellen Not, der Fürsorge für die Eltern und bei alldem die Kinder großzuziehen. Sie habe nicht an sich denken können. Die vielen guten Jahrzehnte nach den traumatischen Erlebnissen in ihrem Leben schienen keine Rolle zu spielen. Ihr Lebensgefühl war wie stehengeblieben und sie rannte und rannte all die Jahre wie der berühmte Hamster im Rad.

Was ist Demenz? Ist sie eine Form, sich aus dem Leben zu verabschieden? Macht sie es möglich, Verantwortung abzugeben, das Hier und Jetzt auszublenden und sich dem Aufräumen der eigenen Lebensgeschichte mit den offenen Wunden zu widmen?

Demenz. Ermöglicht sie es, die »zweiten Häute« des eigenen Lebens abzustreifen und die darunterliegenden Wesensanteile zu leben, für die zu wenig Zeit oder Akzeptanz im Leben war? Ist Demenz eine Zeit für Nähe, Zärtlichkeit, Verbundenheit mit sich selbst, eine Zeit, nicht mehr zu müssen, sondern zu tun, was man mag, solange man mag?

Demenz. Eine Zeit des dementierenden Abschiednehmens: Die Seele spült die Gefühle herauf, was wichtig war und ist – schön und schmerzhaft –, und sie sucht sich einen Weg, ein Flussbett des Abschiednehmens am Ende eines langen Lebens.

Ist das Demenz? So wäre eine Lesart des Phänomens: *Demenz als Trauerweg aus dem Leben.*

Im Folgenden werden verschiedene Sichtweisen auf Demenz vorgestellt, um die Vielfalt des Diskurses zu zeigen.

4.1 Demenz im Selbsterleben von Betroffenen

Es gibt einige, eher jüngere Menschen, die von Demenz betroffen sind und die sich für ihre Rechte einsetzen. Sie nennen sich Demenzaktivisten/-aktivistinnen und folgen dem Leitbild: »Nicht über uns ohne uns.« Einige von ihnen haben ihre Erfahrungen in Büchern aufgeschrieben, halten öffentliche Vorträge und sprechen vielen Menschen mit Demenz aus dem Herzen.

Richard Taylor (gestorben an Krebs 2015), ein US-amerikanischer Psychologieprofessor, war einer von ihnen. Er behauptet, die »Alzheimer-Krankheit gibt es überhaupt nicht!« (Taylor, 2010, S. 36). Er möchte mit dieser provozierenden Aussage zum einen Aufmerksamkeit erregen und zum anderen den Blick auf die Grundlagen der »Diagnose Alzheimer« lenken. »Offenbar weiß niemand ganz sicher, ob ein heute lebender Mensch die Krankheit tatsächlich hat; was natürlich auch auf mich zutrifft. Der Arzt spricht zwar von einer Demenz, ›vermutlich‹ vom Alzheimer-Typ. Doch erst wenn Sie tot sind, nachdem die Doktoren Ihren Kopf aufgeknackt und das abgestorbene Gehirn inspiziert haben, können sie mit einiger Sicherheit sagen, ob Sie die Alzheimer-Krankheit gehabt haben. (Natürlich sind Sie in dem Moment tot, und es wird Ihnen wohl egal sein.) Derzeit leben in den USA etwa vier Millionen Menschen mit der Diagnose ›Demenz, vermutlich vom Alzheimer-Typ‹. […] Basiert diese Aussage auf der individuellen Autopsie einer jeden einzelnen Person der vorangegangenen vier Millionen, die unter dieser arztgemachten Wolke leben? Selbstverständlich nicht! Ist diese nachträgliche Verifizierung die beste Art, eine Diagnose zu stellen? Selbstverständlich nicht, insbesondere, wenn es um eine Diagnose geht, die sich so tiefgreifend auf die Angehörigen und den betroffenen Menschen auswirkt« (Taylor, 2010, S. 37).

Taylor war selbst Psychologe und Wissenschaftler und sieht deutlich die Spannung zwischen den medizinischen »Vermutlich-Diagnosen« und den psychosozial-spirituellen Folgen. Er selbst ist ein Jahr lang durch die Diagnostik gegangen und nennt diese Zeit »Fegefeuer«. Am Ende der Zeit des Fegefeuers beginnt unaufhaltsam die Trauer. »Ich war 58 Jahre alt, als mir die Diagnose offiziell mitgeteilt wurde. Daraufhin weinte ich drei Wochen lang Tag für Tag« (Taylor, 2010, S. 46). Er ringt immer wieder mit seiner Familie und anderen um seine Freiheit und darum, als Person und Gegenüber ernst genommen zu werden. Es ist ein ständiger Kampf gegen das allumfassende Stigma, das er mit der Diagnose erhalten hat. Die Veränderungen der Gedächtnisleistungen nahmen alle hier genannten Demenzaktivisten und -aktivistinnen und ihre Angehörigen sorgenvoll wahr und veranlassten ärztliche Untersuchungen. Der Moment der Diagnosestellung wurde von allen wie ein Katastrophenurteil erlebt, das sie in eine schwere Depression stürzte, die sie auf ihre eigene Art bewältigten.

Christine Bryden, eine australische Demenzaktivistin, war eine berufstätige alleinerziehende Mutter, als sie die Veränderungen wahrnahm und die Diagnose erhielt. Sie beschreibt, dass sie ein Jahr lang durch eine Krise ging und dass das Aufschreiben ihres Erlebens und ihrer Erfahrungen damit, wie andere mit ihr umgegangen sind, ihr geholfen hat, trotzdem positiv zu leben. Sie war die erste Betroffene, die auf dem Weltkongress der Alzheimer-Gesellschaften sprach. Sie vernetzte sich weltweit mit anderen Betroffenen, fand eine neue Liebe und heiratete, reiste und hielt Vorträge auf verschiedenen Kontinenten. Immer wieder hatte sie den Eindruck, sich rechtfertigen zu müssen, da viele ihr nicht glaubten, dass sie eine Demenz habe, denn sonst könnte sie nicht so leben und sprechen, wie sie es tat, war die Meinung. Sie zeigte oft bei Vorträgen ein Bild ihres Gehirns, wie es das letzte MRT (Magnetresonanztomografie) abbildete, um zu beweisen, dass sie erkrankt sei. Sie bleibt in der Logik der biomedizinisch definierten Krankheit, sagt aber auch: »Ich bin ein Mensch mit einem geschädigten Gehirn. Das ist jenes Körperteil, das von meiner Persönlichkeit und meiner Einstellung stark beeinflusst wird. Natürlich setzt die Krankheit mir zu, denn sie zerstört kontinuierlich meine Fähigkeiten, aber meine Individualität widersetzt sich einer derart simplen und endgültigen Kategorisierung meines Krankheitsverlaufs. All diese Diagramme, Tabellen und Stadien ignorieren meine Individualität und schüren Zweifel, dass ich so viele Jahre nach meiner Diagnose immer noch sprechen kann« (Bryden, 2011, S. 53).

Bryden versteht sich als lebendiges Beispiel für die Möglichkeit, das Leben neu zu gestalten und dabei auch eine Art »neue Karriere« zu leben. Mit Eifer kämpft sie mit weiteren Verbündeten gegen die destruktiven und vernichtenden gesellschaftlichen Vorurteile. Carol Milliken, ebenfalls eine Betroffene, formuliert den Kontrast eines Lebens vor und nach der Diagnose: »Am Tag vor der Diagnose waren wir in unseren Beziehungen noch wichtige und enge Partner. Am Tag danach waren wir eine Belastung, wie ein Haustier, wie eine Hypothek oder die Wäsche von gestern« (Bryden, 2011, S. 58). Morris Friedell, ein Kollege des Netzwerkes aus den USA, Soziologieprofessor und Jude, bringt seine Erfahrungen in Verbindung mit den Erfahrungen der Shoa: »Alles, was Menschen mit Demenz zu erwarten haben, ist ›Hospiz in Zeitlupe‹. Dagegen wehren wir uns. Es gibt ein Leben nach der Diagnose, sowohl für uns als auch für unsere Familien. Eine diskriminierende Lüge lautet, wir seien aufgrund unseres nicht normal funktionierenden Gehirns biologisch minderwertig. Habe ich den Ausdruck ›biologisch minderwertig‹ nicht schon einmal gehört? Im Zusammenhang mit den Nazis [...] und dem Holocaust« (Bryden, 2011, S. 59).

Dass Betroffene von ihren Erfahrungen sprechen, auf Fachtagungen referieren, Bücher schreiben und eigene Internetseiten gestalten, ist Teil einer Botschaft, die sie in die Gesellschaft hineintragen möchten: Mit den Veränderungen und Einschränkungen gibt es auch die Chance auf ein anderes, neues Leben.

Helga Rohra, eine Demenzaktivistin aus München, war 55 Jahre alt, selbstständige Simultanübersetzerin und alleinerziehend mit einem Sohn, der sich auf das Abitur vorbereitete. Sie schrieb ihr Buch »Aus dem Schatten treten. Warum ich mich für unsere Rechte als Demenzbetroffene einsetze« (Rohra, 2012) mithilfe eines Schreibassistenten. Aus ihren eigenen Notizen und den Tonbandaufnahmen ihrer Gespräche entstand das Buch. Auch ihr Leben hat sich völlig verändert und wie für viele Jungbetroffene kam eine prekäre finanzielle Situation hinzu, da sie ihren Beruf nicht mehr ausüben konnte.

Alle setzen sich intensiv mit den Verfahren der Diagnostik und den ihnen zugewiesenen Diagnosen auseinander, sei es Alzheimer (Richard Taylor), eine frontotemporale Demenz (Christine Bryden) oder eine Lewybody-Demenz (Helga Rohra). Sie suchen nach einer Balance, um sich ins Verhältnis zu setzen zu einer (bisher noch) vernichtenden Diagnose und dem Erhalt ihrer Würde und Zukunft für sich und im Sozialen. Alle berichten davon, dass sie nach der Diagnosestellung in eine tiefe Depression gefallen sind. Sie beschreiben ihre Krisen, die mit Trauer verbunden sind, und ihr Ringen darum, wieder ins Leben zu kommen. Trauer wird zum einen durch die Behinderung (so nennt es Helga Rohra) und die damit verbundenen Ängste ausgelöst, die die persönliche Entwicklung, aber auch die ökonomische Sicherheit und die Fragen nach einer Zukunft betreffen. Zum anderen wird Trauer verursacht durch die Reaktion von Familie, Freunden/Freundinnen, Pfleger/-innen, Ärztinnen/Ärzten, schlicht allen, die wir unter »Gesellschaft« zusammenfassen. Betroffene erfahren häufig durch die Art der Begegnung, dass man ihnen abspricht, als Person wertvoll und wertschöpfend zu sein und zu bleiben.

Es folgt ein Ausschnitt aus einem Interview, das Frauke Haß mit Richard Taylor führte und das in der »Frankfurter Rundschau« am 15.05.2011 erschien (Taylor u. Haß, 2011):

Mr. Taylor, Sie beschreiben in Ihrem Buch, dass Sie manchmal behandelt werden wie ein Kind. Was ärgert Sie daran besonders?
Ich habe vor vier Jahren, im Alter von 58 Jahren, die Diagnose Alzheimer bekommen. Sofort veränderte sich die Beziehung zu Freunden und Angehörigen. Sie müssen zusehen, wie ich schwinde – the long good-bye. Von einer wohlmeinenden Warte aus halten meine Angehörigen seither ständig Ausschau nach Ausfällen meinerseits, um im Zweifel einzuspringen. Aber meine Behinderung ist überraschend und wechselhaft. An manchen Tagen finde ich meine Kleidung, an anderen nicht. An wieder anderen Tagen fällt mir nicht mal ein, danach zu suchen. Aber sobald meine Frau ein Symptom an mir entdeckt, geht sie davon aus, dass dieses Symptom auf diesem Level der Intensität die ganze Zeit bei mir bleiben wird. Aber das ist nicht so.
Fällt Ihnen ein Beispiel ein?
Ich habe mal beobachtet, wie ein Sohn seiner dementen Mutter dabei zusah, wie sie ein Formular ausfüllte. Als sie die falsche Telefonnummer eintrug, nahm er ihr das Blatt weg, korrigierte es und sagte, ich möchte nicht, dass meine Mutter noch weiter Formulare ausfüllt.
Und wie finden Sie das?
Das ist bevormundend und entmündigend. Statt uns zu helfen, Dinge weiter selbst zu tun, werden wir hilflos gemacht. Und zwar von wohlmeinenden Menschen, die ständig nach unseren Fehlern Ausschau halten.
Was hätte der Sohn besser machen sollen?
Soll sie doch einfach die falsche Telefonnummer aufschreiben. Das ist doch nicht so wichtig. Ich bin mal mit meinen Enkeln spazieren gegangen, als meine Enkelin sagte, »Opa, du trägst

ja zwei verschiedene Socken!« Ich schaute, nickte und sagte: »Ja, stimmt.« Was soll's? Wenn meine Frau dabei gewesen wäre, hätte sie darauf bestanden, dass wir nach Hause gehen und die Socken wechseln. In anderen Fällen benehmen sich Leute eigenartig, weil sie mich nicht beschämen wollen, aber in Wirklichkeit beschämen sie sich selbst.

Inwiefern?

Nachdem ich vor vier Jahren die Diagnose bekam, hörten meine Freunde umgehend auf, mich anzurufen. Ich rief einen von ihnen an und fragte, warum. Er sagte: »Ich weiß nicht, was ich dich fragen soll. Ich könnte dich etwas fragen, auf das du keine Antwort weißt.« Die Leute hören auf, mit Dementen zu sprechen, um sie nicht in Verlegenheit zu bringen. Ich werde also isoliert, weil die Leute Angst vor peinlichen Situationen haben. Sie bleiben lieber zu Hause, als in meiner Nähe zu sein. Dabei habe ich bloß eine Behinderung. Kommt endlich drüber weg: Behinderungen sind ein natürlicher Teil des Lebens.

Sie sagen, Demenz ist eine Behinderung wie jede andere?

Wahrscheinlich ist sie das nicht. Denn jede Behinderung hat ihre Grenzen. Doch bei Demenz glauben die Leute, sie sei grenzenlos. Sie glauben, man sei von Tag zu Tag weniger ein Mensch. Was stimmt, ist: Man hat von Tag zu Tag weniger Zugang zu und Kontrolle über sein Gedächtnis. Aber das ändert nichts an den grundlegenden Bedürfnissen, die ein Mensch hat. Die bleiben gleich.

Und deren Befriedigung wird Dementen verweigert?

Wenn jemand einen Schlaganfall hat und im Koma liegt, kommen die Angehörigen wochenlang, jeden Tag, sprechen mit ihrem Liebsten, streicheln ihn, lesen ihm was vor – das alles in der Hoffnung, dass er eines Tages aufwacht und wieder der Alte ist. Bei Dementen hören sie irgendwann damit auf, weil sie sagen: »Das hat doch keinen Sinn. Er ist doch nur noch eine leere Hülle. Richard ist nicht mehr da.« Es ist fürchterlich, so etwas über einen

Menschen zu sagen. Wir beschäftigen uns viel zu wenig damit, die Millionen betroffenen Patienten zu verstehen.
Wie könnte das aussehen?
Ich habe einmal ein Pflegeheim besucht, wo diese Menschen jeden Tag gesäubert, gefüttert und angezogen und dann in einem Kreis zusammengeschoben werden, wo sie den ganzen Tag mit hängendem Kopf herumsitzen und sich selbst überlassen sind. Ich habe mich in einen Rollstuhl dazu gesetzt und gesagt: »Hallo, ich bin Richard.« Und einige antworteten, nannten mir ihre Namen. Ich bemerkte: »Ganz schön langweilig hier, oder?« – »Ja, das stimmt«, sagten sie, »aber ab und zu winkt uns mal jemand.« Können Sie sich das vorstellen? Das war ihre ganze Stimulation: Manchmal winkt jemand. Und ich hatte innerhalb von zehn Minuten fast jede der sieben oder acht Personen zum Reden gebracht.
Wirklich? Aber wie?
Ich habe von meinen Enkeln erzählt. Und einige aus der Runde erzählten auch von ihren Enkeln. Ob das immer stimmte? Keine Ahnung. Kann sein, dass manche verwirrt waren und das Alter ihrer Enkel durcheinander brachten. Kann auch sein, dass sie alles bloß erfunden haben. Aber was soll's? Wir saßen da und quatschten. Eine vorbeikommende Schwester fragte erstaunt: »Was ist denn hier los? Wie haben Sie das gemacht? Was haben Sie gesagt?« Dabei spielt das gar keine Rolle. Ich war einfach ein Mensch, der Hallo sagte statt Tschüss. (Taylor lässt ein paar Momente verstreichen und ergänzt dann mit leiser Stimme:) Manchmal macht mich so etwas sehr wütend.

4.2 Demenz im Erleben von Angehörigen

»Ich bin ein langsam denkender Mensch. Ich stellte mich weiterhin ungeschickt an, weil ich nicht aufhören wollte, zu glauben,

dass ich die Verbindung des Vaters zur Realität durch Hartnäckigkeit wachhalten könne.
Wenn er sagte, seine Mutter warte auf ihn, fragte ich harmlos:
›Wie alt ist deine Mutter?‹
›Mhm, ungefähr achtzig.‹
›Und wie alt bist du?‹
›Also, ich bin 1926 geboren, dann bin ich –‹
›Ebenfalls ungefähr achtzig.‹
›Mhm – ich weiß schon, ich weiß schon –‹
›Deine Mutter ist tot‹, sagte ich bedauernd.
Er presste die Lippen aufeinander, nickte mehrmals langsam und erwiderte mit tiefversonnener Miene:
›Ich habe es fast befürchtet.‹
Auf diese Weise kämpfte ich noch eine Zeitlang für die Aufrechterhaltung des gesunden Menschenverstandes« (Geiger, 2011, S. 58 f.).

An- und Zugehörige unterscheiden sich in ihrem Blick auf Demenz und in ihrer Bereitschaft, sich auf einen dementierenden Menschen einzulassen und die Veränderungen mitzugehen, die zumeist ja auch einschneidende Veränderungen für sie selbst bedeuten. Sie sehen verschiedene Möglichkeiten, die Fürsorge und Pflege zu übernehmen bzw. mit in sie hineinzugehen.

An- und Zugehörige merken in den alltäglichen Begegnungen zunächst kleine Veränderungen. Da fällt ein Name nicht mehr ein, ein regelmäßiger Termin beim Frisör wird vergessen, beim Skatspielen wird gegen Regeln verstoßen, die Tabletten geraten durcheinander oder werden nicht mehr genommen. Es gäbe unzählige Beispiele aus den Alltagsgewohnheiten von Menschen und kleine Sequenzen im Gespräch oder Verhalten, die Angehörigen »merkwürdig« vorkommen.

Die Stereotypen über Demenz sind mittlerweile gesellschaftlich so zum »Allgemeinwissen« geworden und weitgehend gepaart mit dem emotionalen Bild eines Horrorszenarios, dass eine freundliche Gelassenheit in der Regel nicht ihre Grundstimmung ist.

Ähnlich wie bei Krebserkrankungen ist die Atmosphäre schnell geprägt von Angst um den Verlust der geliebten und vertrauten Person. Bei einer Krebserkrankung zeigt sich die Sorge dann häufig in Mitgefühl, Anteilnahme, Engagement und der Sehnsucht nach Heilung. Wenn die nicht möglich erscheint, richten sich die Wünsche auf eine möglichst erfüllende verbleibende Lebenszeit, in der Lebensfreude und Schmerzfreiheit angestrebt werden. Diese Haltung wird gesellschaftlich unterstützt und durch die Hospiz- und Palliativbewegung inhaltlich und öffentlich getragen.

Die Bilder bei einer beginnenden Demenz sind eher geprägt von der Erwartung eines langen Siechtums, dem Lebensqualität nicht mehr zugetraut wird, und anstatt sich mit der Realisierung der Wünsche nach verbleibender Lebensfreude zu beschäftigen, sieht man enorme finanzielle und persönliche Belastungen am Horizont heraufziehen. Die Gedanken kreisen um Unterbringungsmöglichkeiten und das Verfassen von Verfügungen, die neben der Übergabe der Verantwortung gegebenenfalls auch ein selbstgewähltes Scheiden aus dem Leben sichern sollen.

»Ich bin seit über 20 Jahren mit Richard verheiratet. Er war ein außergewöhnlicher Mensch, als ich ihn kennen lernte und mich in ihn verliebte, und das ist er heute noch; davon bin ich überzeugt. Jetzt ist er auf andere Weise außergewöhnlich. Seit bei ihm die Alzheimer-Krankheit diagnostiziert wurde und er anfing, dieses Buch zu schreiben, bin ich hilflose und betrübte Zeugin des Niedergangs seiner kognitiven Fähigkeiten. […] Mein Kopf lässt keine Zweifel mehr zu […] obwohl ich mich manchmal dabei ertappe, wie ich immer noch hoffe.

Eigenartig, was sich die Leute vorstellen, wie sich jemand mit der Alzheimer-Krankheit verhalten oder wie Betroffene denken sollen. Ich habe mich weitgehend mit der Tatsache abgefunden, dass ich meinen Mann nie mehr so verstehen werde wie früher, bevor diese schreckliche Krankheit in sein Leben trat. Ich hasse diese Krankheit! […] Ich wünschte, Sie hätten Richard gekannt, bevor die Alzheimer-Krankheit sein und mein Leben verändert hat. […] Ich werde niemals aufhören, diesen außergewöhnlichen Mann zu lieben« (Linda Taylor in Taylor, 2010, S. 27 ff.).

Linda Taylor schreibt ein Vorwort im Buch ihres Mannes. Es ist durchdrungen von ihrer Liebe zu ihm und vom Schmerz. Ihre Wut auf die Behinderungen ihres Mannes findet sprachlich vielfachen Ausdruck. Sie spricht vom »Niedergang seiner kognitiven Fähigkeiten«, von seinem »sehr langsamen, aber stetigen Verfall«, von seinen »stümperhaften Versuchen« den Computer zu reparieren. Die Trauer gehört zu ihrem Alltag und manifestiert sich in den täglichen Handgriffen. Dort stutzen An- und Zugehörige und formulieren, »dass etwas nicht stimmt« (vgl. Taylor, 2010, S. 188 ff.; Tönnies, 2009, S. 30).

In der Literatur wird überwiegend wie selbstverständlich davon gesprochen, dass Angehörige die Diagnosen übernehmen und anerkennen. Sie sprechen von der Alzheimer-Krankheit oder Demenz. Eine Auseinandersetzung mit der Diagnostik und der Diagnose scheint wenig beschrieben zu werden. Ist die Diagnose für die Betroffenen der Moment, in dem der Boden sich erst richtig auftut, ist sie für Angehörige oft ein Moment der Entspannung. Nun hat das Fragen und rätselhafte Sorgen ein Ende und man weiß, woran man ist. Nun kann ein Plan entworfen werden. Ärzte und Ärztinnen verschreiben Medikamente mit der Option der Verlangsamung der Krankheit. Eine Schublade ist gefunden, mit der man gezielt im Internet recherchieren kann und die Alzheimer-Gesellschaft als Ansprechpartnerin hat, die auch Angehörigen eine Art Selbsthilfegruppe anbietet.

Demenz erfasst den ganzen Menschen und bedeutet für alle Lebensbereiche Veränderungen. Die Anpassungsleistungen, die Betroffene und Angehörige leisten müssen, sind enorm, vielleicht sogar übermenschlich (vgl. van der Kooij, 2017, S. 32 ff.). Eine Ehefrau erlebt es so: »Es gibt kein rückwärts. Es gibt nur noch vorwärts im Sinne von Verfall, Endstation Tod, mit den Stadien, die dazwischen liegen, und nichts anderes! Und jeder, der glaubt, meinem Angehörigen wird das nicht passieren, da passe ich schon auf, der irrt« (Tönnies, 2009, S. 96).

Demenz bedeutet in Reinkultur, ein »abschiedliches Leben« zu führen (Kast, 1999), und das über viele Jahre. Die An- und Zugehörigen leben mit dem Abschiednehmen. Einige hadern mit ihrer Lebenssituation, wie eine Tochter, deren Mutter im Pflegeheim versorgt wird: »Ich finde es eigentlich auch ein bisschen ungerecht, wenn ich so denke, jetzt habe ich meine Kinder groß, und wenn ich mit meiner Mutter durch bin, bin ich selbst alt. Doch, das empfinde ich wirklich als ungerecht« (Tönnies, 2009, S. 28).

Andere nehmen die Veränderung des Lebens leichter an. Dies hängt sehr von den Umständen, der Beziehung, den eigenen Werten und den persönlichen Ressourcen ab. Es gibt immer wieder Trost und Lichtmomente für die Angehörigen, selbst bei einer schweren Demenz. So erzählt ein pflegender Ehemann:

»Von einem gewissen Zeitpunkt an merkt man ja, es kommt nichts mehr zurück. Man stellt plötzlich fest, auch Gefühle können nicht mehr transportiert werden. Es kommt natürlich manchmal vor, wie vor etwa zwei Monaten, ich kam morgens runter in ihr Krankenzimmer, und da hörte ich aus dem Dunkeln: ›Guten Morgen, mein Süßer!‹ Das hat mich fast zur Tür rausgeschlagen. Das war unwahrscheinlich! Daran merkt man, dass gewisse kleine Schaltungen noch klicken« (Tönnies, 2009, S. 57). Solche Situationen kommen oft überraschend und wühlen emotional auf. Sie bestätigen Angehörige in ihrem Tun, wie der gleiche Ehemann weitererzählt: »So zum Beispiel saßen meine Frau und ich vor einiger Zeit beim Malen, da sagte sie plötzlich: ›Ich fühle mich hier richtig wohl und sicher.‹ Das war so schön für mich. In solchen Momenten, da weiß ich dann, dass das, was ich tue, richtig ist. Und ich muss Ihnen ganz ehrlich sagen, ich hatte noch nie im Leben eine so sinnvolle Aufgabe« (Tönnies, 2009, S. 60).

Demenz bedeutet somit beides: eine enorme Herausforderung an die komplette Lebensgestaltung, eine umfassende Fürsorge, die organisiert und bezahlt werden und die emotional integriert werden muss – ob im Zusammenleben oder im Akzeptieren eines Pflegeheims. Sie verändert die Beziehungen und die Lebensziele. Aber Demenz ermöglicht auch Lebenserfahrungen miteinander, die Verbindungen schaffen, die es sonst vielleicht nicht gegeben hätte. »Es war spürbar, wie sehr die seit meiner Jugend gewachsene Distanz zwischen dem Vater und mir wieder kleiner wurde, und auch der von der Krankheit aufgezwungene Kontaktverlust, den ich seit längerer Zeit befürchtet hatte, trat nicht ein. Statt dessen freundeten wir uns nochmals an mit einer Unbefangenheit, die wir der Krankheit und dem Vergessen zu verdanken hatten; hier war mir das Vergessen willkommen. Alle Konflikte, die wir gehabt hatten, bleiben zurück. Ich dachte mir, solche Gelegenheit kommt nicht wieder« (Geiger, 2011, S. 73).

4.3 Demenz als lebendiges Totsein

»Alzheimer-Demenz. Wenn der Vater langsam verschwindet« (Schipperges, 2017), »Die schlimme Wahrheit über Alzheimer« (Bild, 2017a), »Schock-Diagnose für zweifache Mutter – Alzheimer mit 36!« (Bild, 2017b), »Alzheimer Forschung. Kein Erfolg gegen das Vergessen« (Zeit, 2016), »Alzheimer. Ich werde so verrückt im Kopf« (Spiegel Online, 2017). Die Liste von Headlines in Tages- und Wochenzeitschriften ließe sich noch weiterführen. Sie spiegeln ein vorherrschendes gesellschaftliches Bild von Demenz und gestalten es zugleich. Es sind Spiegelbilder einer Demenzphobie. Man spricht von der Jahrhundertkrankheit, von einem lebendigen Totsein, einer lebendigen Beerdigung und ähnlichen Metaphern (Wetzstein, 2005, S. 11). Das Bild von einem nur noch körperlich Anwesenden wird auch in der Demenzforschung, die sich mit Trauer beschäftigt, zitiert (Schinköthe u. Wilz, 2011).

Wer mit Betroffenen lebt oder arbeitet, kann dem Bild des »lebendigen Totseins« nicht folgen. Es kann vielleicht das Empfinden von Begleitenden beschreiben, wenn die Kommunikationsfähigkeit von Menschen mit Demenz sehr nah am Lebensende sehr eingeschränkt ist; vergleichbar mit den eingeschränkten Reaktionen von Menschen im Wachkoma. Hier ist auch die Phasenbeschreibung von Naomi Feil eher würdelos, wenn sie ihre vierte und letzte Phase »Vegetieren« nennt. Dieses Wort weckt im Deutschen negative Assoziationen, die sich schlecht mit einer Vorstellung von Lebensqualität verbinden lassen. Verena Wetzstein kritisiert zu Recht (Wetzstein, 2005), dass das Bild von Demenz, das gesellschaftlich vorherrschend ist, die vielen Jahre von Leben und Lebendigsein ausblendet, in denen Menschen mit Demenz aktiv am Leben teilnehmen können. Wir sprechen hier von etwa fünf bis zehn Jahren.

In der gesellschaftlichen Diskussion stehen sich die reduktionistischen Bilder der Medizin und die ressourcenorientierten Bilder der Sozialpsychologie (vgl. Kitwood, 2008; Innes, 2014) gegenüber und finden in den Aussagen von Betroffenen ihren Widerhall.

So hat z. B. Inge Jens nach dem Tod ihres Mannes Walter Jens E-Mails in einem Büchlein zusammengefasst, die ihr Leiden an den mentalen Veränderungen ihres Mannes, eines großen Rhetorikers und Intellektuellen der Nachkriegszeit, zeigen. Sie empfindet die Veränderungen ihres Mannes als ein »langsames Entschwinden« (Jens, 2016) und ihr Buch ist durchsetzt mit traurigen Aussagen in Bezug auf die »Krankheit«, deren »Opfer« (Jens, 2016, S. 137) ihr Mann war und die ihn ihr entfremdet hat.

In einer E-Mail vom 23.10.2007 schreibt sie: »Liebe H., Walter hat mir seinen Dank in die Maschine diktiert. Ich habe den Text nur ein bisschen der normalen Grammatik angepasst. – Wie du siehst, geht es ihm nicht gut. Lesen und Schreiben kann er nicht mehr; Gehen, Essen und jedenfalls einiges Formulieren geht noch so gerade. Aber gemessen an seinem Zustand, in dem er sich vor ca. 6 Wochen, nach einem Sturz, befand, ist das jetzige Befinden ein wahres Wunder. Dennoch: Es bleibt traurig, und ich bin mir manchmal nicht sicher, ob ich mich über die physische Besserung freuen soll, wenn sie mit einem solchen geistigen Verfall einhergeht« (Jens, 2016, S. 32).

Und am 17.12.2012, etwa ein halbes Jahr vor seinem Tod, schreibt sie traurig: »Drei Stunden lang dachten wir, er würde sterben. Aber dann schlug er die Augen wieder auf, war wochenlang sehr schwach, hat sich jetzt aber wieder so weit ›erholt‹, dass er nur wenig weniger ist als vorher.

Aber sein Zustand ist eben insgesamt unendlich traurig, weil er weder sprechen noch gehen kann, den halben Tag schläft und den andern halben Tag im Sessel sitzt […] ohne Zeichen irgendeiner Beteiligung« (Jens, 2016, S. 106).

Demgegenüber reflektiert ihr Sohn Tilmann in seinem Buch die Demenz seines Vaters vielschichtiger. Er sieht sie zum einen als einen Prozess des Ringens des Vaters und der Familie vor dem Hintergrund seiner Haltung zur Sterbehilfe. Diese Haltung wird in der Familie diskutiert und durch Walter Jens selbst gebrochen. So sagt er Anfang Januar 2007: »Ihr Lieben, es reicht. Mein Leben war lang und erfüllt. Aber jetzt will ich gehen.« »Ich nicke, sprechen mag ich nicht. Aus seiner Sicht hat er doch Recht. Also nur keinen süßlichen Trost mehr. Walter, ich kann dich verstehen. Ich nicke, sprechen mag ich nicht. Reiß dich zusammen, keine Tränen, nicht jetzt! Nun ist der Zeitpunkt doch noch gekommen. Wir werden also meinen Bruder Christoph in Köln anrufen und ihn bitten, sich einige Tage frei zu nehmen. Minuten sitzen wir da ohne ein Wort. Dann, auf einmal, lächelt mein Vater und sagt: Aber schön ist es doch! Ein tiefer Seufzer. Dann fallen ihm die Augen zu.

[…] aber schön ist es doch: Redet so einer, der zum Sterben entschlossen ist? Meine Mutter, mein Bruder und ich sind uns einig, das Mandat, ihm aktiv beim Sterben zu helfen, ist in dieser Sekunde erloschen« (Jens, 2009, S. 132 f.).

Der, der in den 1990er Jahren gemeinsam mit Hans Küng ein Plädoyer zur Sterbehilfe formulierte (Jens u. Küng, 2009), der auch für sich selbst die Möglichkeit der aktiven Sterbehilfe vorbereitet hatte, entschied sich in seiner Demenz für das Leben. Dem folgten Lebenserfahrungen, die für alle völlig neu und ungewohnt waren. »Da sind Kaninchen. Er ist aufgeregt wie ein Kind. Er nimmt sich Grün und ein paar Karotten. Ich traue meinen Augen nicht. Mein Vater füttert Karnickel! Er, der Asthmatiker, der früher Tiere hasste – und mir aus Angst vor Haaren die Anschaffung selbst eines Hamsters verbot« (Jens, 2009, S. 141).

Spielfilme und Angehörigenliteratur sind die Medien gesellschaftlicher Meinungsbildung, die von den lebendigen Begegnungen von Betroffenen und Angehörigen sprechen: von dem Kampf um Würde in vielen erniedrigenden Zusammenhängen bis zuletzt und Lebensmöglichkeiten, die durch die Demenz erst gestaltet werden. So berichtet auch David Sieveking in seinem Buch und Film »Vergiss mein nicht« (2012) vom Prozess seiner Familie und der Demenz seiner Mutter.

Tipp zur Selbstreflexion

Lesen Sie einmal einen populärmedizinischen Artikel über Demenz, wie Sie ihn z. B. auf der Internetseite der Alzheimer-Gesellschaft finden (Deutsche Alzheimer Gesellschaft e.V., 2017), und schreiben Sie dann auf, was Sie über Demenz erfahren haben und welche Gefühle der Artikel in Ihnen auslöst.

Schauen Sie dann einmal einen Film oder lesen ein Buch wie »Der alte König in seinem Exil« (Geiger, 2011) und schreiben ebenfalls auf, was Sie über Demenz erfahren haben und welche Gefühle Sie wahrnehmen.

Was löst in welcher Form Trauer in Ihnen aus?

4.4 Demenz als Abschiedsweg aus dem Leben

Klaus Dörner benennt Demenz als eine »neue menschliche Seinsweise« (Dörner, 2012b, S. 14; vgl. Dörner, 2012a) und Thomas Klie sieht in ihr eine »Ausdrucksform des vulnerablen Alters und eines Wegs aus dem Leben« (Klie, 2014, S. 11).

Ist die Demenz selbst eine Trauerreaktion am Ende des Lebens? Die Fähigkeit des Kontrollverlustes spült Emotionen nach oben. Menschen mit Demenz sind ihren Emotionen ausgeliefert, gleichzeitig sind ihre Emotionen eine starke Kompetenz, die sich verstärkt entwickelt. Sie sind schmerzhafte Herausforderung und Ressource zugleich.

»Demenzkranke verlieren wie erwähnt schon relativ früh ihre Kontrolle. Das macht es ihnen möglich, ihre Verluste offen zu betrauern, ihre Gefühle frei auszusprechen und sich so allmählich selbst zu heilen. Ihre ›Begabung‹, die Vergangenheit wieder zu beleben, sie zur Gegenwart zu machen, schenkt ihnen die Möglichkeit, alte, ungelöste Probleme auf ihre eigene Art zu bearbeiten und so zu einem guten Ende zu bringen« (Kojer u. Sramek, 2007, S. 243).

Marina Kojer und Gunvar Sramek sehen in der Demenz einen Selbstheilungsprozess und folgen damit der Interpretation von Naomi Feil. Demenz wird hier nicht tragisch erlitten, sondern bekommt einen Sinn am Lebensende. Menschen sind im Laufe ihres Lebens immer damit beschäftigt, die Kontrolle zu behalten. Kontrollverlust ist etwas zutiefst Ängstigendes. Die Frau in unserem Beispiel hat über Jahrzehnte die Folgen ihrer Traumatisierungen aus der Kriegs- und Nachkriegszeit und durch den plötzlichen Tod ihres Mannes weggedrängt. Sie war über Jahre damit beschäftigt zu überleben und als die Lebensumstände finanziell und sozial gesicherter waren, wollte sie die alten schmerzhaften Bilder nicht willkommen heißen. Sie waren dennoch da in ihrem getriebenen Lebensgefühl, einer ständigen Schlaflosigkeit und ihrer gesundheitlichen Labilität. Das äußere Leben war gesichert, aber es blieb voller Leiden, was ihrer Familie immer wieder auf die Nerven ging. Man glaubte ihr die »Krankheiten« nicht und war oft traurig, dass die Mutter die vielen Jahre des gesicherten Ruhestandes nicht in vollen Zügen genießen konnte.

»Demenzkranke haben, bevor sie sterben, auch nicht mehr mit Altlasten zu kämpfen. Der Verlust der Selbstkontrolle hat es ihnen leichtgemacht, Kränkendes und Belastendes nicht länger im Inneren zu verschließen, sondern loszulassen, es in der ihnen eigenen, oft symbolisch verkleideten Weise auszudrücken, auszuleben und zu verarbeiten. Wenn sie sterben, haben sie längst von allem, was ihnen lieb war, in ihrer Weise Abschied genommen; nun haben sie nichts mehr loszulassen. Im Leben des sterbenden alten Menschen besonders wichtige, mit starken Emotionen besetzte Themen können aber bis zuletzt ihre Bedeutung behalten« (Kojer u. Sramek, 2007, S. 238).

4.5 Demenz als »Auflösungsweg« von unerledigten Lebensaufgaben

Die Sozialarbeiterin Naomi Feil entwickelte aus ihrer jahrzehntelangen Arbeit mit alten Menschen mit Demenz heraus die

Methode der Validation. »Validation ist eine Kommunikationsform und Therapie« (Feil, 2004, S. 44). Damit bringt Feil auf den Punkt, dass sie ein doppeltes Anliegen hat. Es geht darum, mit dementierenden Menschen in einen echten Kontakt zu kommen und ihnen zu helfen, ihre Lebenskonflikte zu lösen, bevor sie sterben. Dies erfordert eine Grundhaltung von Respekt. Zu den grundlegenden Prinzipien der Validation gehört die Haltung, dass jeder Mensch einzigartig und wertvoll ist, dass es einen Grund für sein Verhalten gibt und somit Sinn zu entdecken ist. Demenz ist für sie ein Phänomen, in dem anatomische Veränderungen des alternden Gehirns zusammenspielen mit anderen körperlichen Faktoren sowie mit psychischen und sozialen Veränderungen. Eine Begegnung muss von Akzeptanz, Einfühlungsvermögen und Mitgefühl geprägt sein (Feil, 2004, S. 45).

Hinter ihrer psychologisierenden Theorie stehen zum einen das Lebensphasenmodell von Erik Erikson und zum anderen die Theorie der Bedürfnisse von Abraham Maslow (2010). So sieht Feil im dementierenden Verhalten eine Möglichkeit, unerreichte Ziele des vergangenen Lebens noch zu erreichen. Dabei können Begleitende ihnen helfen, wenn sie ihr Verhalten entsprechend verstehend deuten und ihnen helfen, ihre Bedürfnisse zu befriedigen.

Feil sieht im dementierenden Verhalten das Bemühen von Menschen, nicht mit den Altlasten ihres Lebens zu sterben, sondern sie vorher – oft auf symbolische Weise – zu bearbeiten und so Lebenskonflikte aufzulösen. Demenz ist somit eine Art, sich auf das Sterben vorzubereiten, die einer Heilung gleichkommt. Sie stellt die These auf, dass Menschen, die sich den Herausforderungen, Chancen, Enttäuschungen und Verlusten ihres Lebens gestellt haben und sie nicht verdrängt haben, kein dementierendes Erleben und Verhalten zeigen (Feil, 2004, S. 38). Diese These zeigt, wie sehr sie die psychosozialen Hintergründe einer Demenz zur Grundlage ihrer Theorie der Demenz macht.

Demenz ist für Feil eine Form, am Lebensende offene Themen aufzuarbeiten. Sie spricht von vier Phasen der Aufarbeitung:
1. »Mangelhafte/unglückliche Orientierung
2. Zeitverwirrtheit
3. Sich wiederholende Bewegungen
4. Vegetieren/Vor-sich-hin-Dämmern« (Feil, 2004, S. 48).

Die Benennung der Phasen hat sie dem Verhalten der betroffenen Menschen entnommen. Bemerkenswert ist, dass sie herausgearbeitet hat, dass Menschen mit Demenz, die validiert werden, nicht die Phase des »Vegetierens« erfahren müssen, sondern bis zuletzt im Kontakt bleiben können und so sterben. Kontakt und Resonanz der Betroffenen in der erlebten Praxis sind das Gütekriterium der Validation. Sie ist eine Methode, die »funktioniert«. Da Feil den Schwerpunkt auf die sozialpsychologische Begleitung gelegt hat und ein personzentriertes Menschenbild zugrunde legt, wird ihre Methode nicht wesentlich von den defizitorientierten Annahmen der Medizin geprägt, die Naomi Feil über Jahrzehnte auch anerkannt hat, was sich darin zeigt, dass sie grundlegend von der »Alzheimer-Krankheit« spricht.

»Validierende Pflegende nehmen die körperlichen Verfallserscheinungen als gegeben hin; sie betreten die Welt dieser Menschen und werden zu helfenden, vertrauten Personen. So fühlt sich der hochbetagte Mensch sicher und beginnt zu kommunizieren, mit oder ohne Worte« (Feil, 2004, S. 46). Das heißt, validierende Pflegende halten sich nicht mit einer Beurteilung von Defiziten auf, sondern gehen in Kontakt und haben dafür eine Reihe von Techniken gelernt, die einen Zugang eröffnen.

Feil hat im Alter ihre Haltung zu Demenz noch einmal verändert und sich von der Einschätzung als Krankheit abgewendet. In einem Interview meinte sie: »Pharmaunternehmen geben Millionen für die Forschung aus, um eine Therapie gegen Demenz zu finden. Der Grund dafür ist, dass die meisten Menschen Angst davor haben. Dabei gehört das zum ganz normalen Prozess des Alterns. Auch wenn es immer noch viele glauben: Demenz ist in meinen Augen keine Krankheit. […]

Ich nenne Demenz Altenleid und sage, dass Demente unglücklich orientiert sind. […] Eine Tablette dagegen gibt es nicht« (Feil u. Bollwahn, 2017).

Zu den oben beschriebenen Werten, die die Methode tragen, hat Feil konkrete Kommunikationstechniken entwickelt, die sowohl den Begleitenden helfen, gut im Kontakt mit sich selbst zu sein, als auch Hinweise geben, wie man mit dementierenden Menschen verbal und nonverbal in eine Beziehung eintreten kann.

Beispielsweise zeigt sie Begleitenden, wie sie sich zentrieren, also gut bei sich sein können, bevor sie in die »ver-rückte« Welt eines Menschen mit Demenz gehen. Begleitende lernen, offene Fragen zu stellen, die dem Betroffen helfen, seine Geschichte zu erzählen. Daher empfiehlt sie, keine Warum-Fragen zu stellen, die eine Person in die Rechtfertigung führen oder ihre Abwehr verstärken würde.

Blick in die Praxis
Eine alte dementierende Dame schimpft: »Zu mir kommt heute keiner, mich haben sie wieder vergessen.«

Ihre Tochter fragt sie, wen sie denn erwartet. (Sie sagt nicht: »Warum denkst du, dass keiner kommt? Ich bin doch da und die Schwester vom Pflegedienst kommt erst um 21 Uhr.«)

Mutter: »Ich warte auf die Behandlerin; ich brauche doch jemanden, der mir hilft, wenn ich zu Bett gehen will. Ich kann das nicht allein.«

Tochter: »Was soll die Behandlerin für dich tun?«

Mutter: »Sie soll mir helfen, die Schuhe auszuziehen. Ich komme da alleine nicht dran. Und dann will ich diese komischen Strümpfe aushaben. Ich bin es leid!«

So kommt es nicht zum Konflikt zwischen Mutter und Tochter, sondern die Mutter kann ihr Bedürfnis ausdrücken und die Tochter kann reagieren, ohne sich angegriffen zu fühlen.

Ist den Begleitenden weniger klar, was ein dementierender Mensch meint, mit dem was er oder sie sagt, empfiehlt Feil in der Reaktion darauf, unbestimmte Fürwörter zu verwenden, die offen sind für Möglichkeiten.

Blick in die Praxis

»Ein zeitverwirrter Klient schreit: ›Diese Katagänge tun mir furchtbar weh!‹ Die Pflegeperson reagiert darauf mit der Frage: ›Wo tun sie weh?‹ Das Fürwort *sie* ersetzt das unbekannte Wort ›Katagänge‹. Ein zeitverwirrter Klient kann dem/der Pflegenden auch anvertrauen: ›Ich drodle mit den Wummsern.‹ Darauf könnte man fragen: ›War *es* lustig? Haben *sie* irgend etwas gesagt?‹« (Feil, 2004, S. 56).

Menschen mit Demenz sind wie alle Menschen soziale Wesen und brauchen andere, um sich zu erfahren. Durch ihre Einschränkungen brauchen sie andere sogar noch dringlicher und häufiger, da sie sich sonst in sich zurückziehen. Das macht die validierende Kommunikation so wertvoll. Sie ist eine Haltung dem Leben und dem Sterben gegenüber, die sich einzelner Techniken bedient, um sich auf das zunächst fremde und rätselhafte Verhalten des Anderen einzulassen. Dies braucht Konzentration auf die/den Andere/-n und Kraft, da sie immer echt sein muss.

Für die Trauerbegleitung kann Validation hilfreich sein, um Angehörige zu ermutigen, in den Begegnungen ihren Gefühlen zu folgen, denn sie werden emotional und intuitiv wahrnehmen, was der dementierende Mensch empfindet. Sie können dann der Frage nachgehen, wo in den Lebensäußerungen der Dementierenden sich Hinweise auf ungelöste Lebensaufgaben zeigen. Dieser Gedanke kann ihnen ein Verständnis ermöglichen für das

Verhalten und bei der Auflösung alter Konflikte hilfreich sein. Diese Haltung hat Eingang gefunden in die Betreuung hochaltriger Menschen durch das Konzept der Palliativen Geriatrie. Durch ein gefördertes Modellprojekt entwickelte sich in einem der größten Pflegeheime Österreichs in Wien seit 1997 eine veränderte Versorgung und Begleitung von Menschen mit Demenz (vgl. Kojer, 2009, S. 25). Federführend war die Psychologin und Ärztin Marina Kojer. Es entstand die Palliative Geriatrie, eine Altersmedizin, die sich den Besonderheiten des Sterbens von alten und von Demenz betroffenen Menschen in Praxis und Forschung widmet. Sie führt die Kenntnisse und Haltungen der Geriatrie und der Palliativmedizin zusammen. In ihr spielen die psychosozialen Kompetenzen der Begleitenden eine große Rolle; das Konzept der Validation und der Basalen Stimulation haben so in ein medizinisches Feld Eingang gefunden. Sie bleibt dem medizinischen Paradigma treu und löst den Versorgungsanspruch von Menschen mit Demenz über das Label »Krankheit«. Den Anspruch auf palliative Versorgung begründet sie mit der Zuschreibung »unheilbar dement« (Kojer u. Schmidl, 2011, S. 1) und holt den alten sterbenden Menschen mit Demenz ins Licht der hospizlich-palliativen Versorgung. Palliative Geriatrie öffnet sich für ein Zusammenspiel vieler Disziplinen. Der alte Mensch steht im Mittelpunkt und so fördert sie das Wissen um die Bedürfnisse von alten Menschen in Forschung, Fortbildung und Praxis (vgl. http://www.fgpg.eu/die-fgpg/).

4.6 Demenz als neurologischer und sozialpsychologischer Veränderungsprozess

»George, der extrem höflich und freundlich zu sein pflegte, zeigt bisweilen erhebliche Verwirrtheit und sagt gelegentlich Dinge, die seine früheren Freunde als beleidigend empfinden. Manche von ihnen wissen nicht, wie sie mit Georges scheinbarer Grobheit und Unberechenbarkeit umgehen sollen, und verhalten sich daher ihm gegenüber anders. Er wiederum muß nun Wege finden, um mit ihrem veränderten Verhalten zurechtzukommen usw.« (Kitwood, 2008, S. 41).

Der britische Sozialpsychologe Tom Kitwood versteht unter Demenz eine untrennbare Mischung aus Veränderungen der Leistungsfähigkeit des Gehirns, die zum Teil neurologisch nachweis- und erklärbar sind, und dem sich verändernden Wechselspiel sozialer Reaktionen aufeinander. Den neurologischen Veränderungen wird in der biomedizinischen und pharmakologischen Forschung die wesentliche Aufmerksamkeit geschenkt und die sozialpsychologische Forschung wird deutlich vernachlässigt. Die somit entkoppelte Forschung führt für Kitwood dazu, dass die biomedizinische Forschung, die er »Standardparadigma« nennt, »schwere, sowohl empirische als auch konzeptionelle Brüche auf[weist] und verfällt bisweilen in eklatanten Reduktionismus« (Kitwood, 2008, S. 41f.).

Kitwood weist mit einer kritischen Distanz zur medizinisch-pharmakologischen Forschung auf die Wichtigkeit der Vernetzung dieses Wissens mit der sozialpsychologischen Forschung hin. Die Individualität der Personen prägt erheblich den Prozess und die sozialen Auswirkungen sind entscheidend für die Lebensqualität aller, die mit Demenz konfrontiert sind: die Betroffenen und die Begleitenden. Er kritisiert ähnlich wie Peter Whitehouse die systematische »Alzheimerisierung« der Demenz, um Forschungsgelder für die Medizin und Pharmakologie zu generieren. »In den USA wurde die Alzheimer-Krankheit in den frühen 70er Jahren nicht mehr als Begriff im Zusammenhang mit der Pathologie einer früh einsetzenden Form von Demenz [wie Alois Alzheimer sie bei seiner Patientin Auguste Deter wahrnahm, Anm. der Verfasserin], sondern auf Demenz als

Ganzes angewendet. Darüber hinaus wurde sie zur vierthäufigsten Todesursache in den USA erklärt – wobei zwischen ›sterben mit‹ und ›sterben durch‹ eine zur Demenz führende Erkrankung verwechselt wurde. Diese Neubenennung erwies sich weltweit als äußerst populär« (Kitwood, 2008, S. 43).

Kitwood beschreibt, wie ältere Menschen und besonders Menschen mit Demenz entpersonalisiert werden und Ausgrenzung erfahren (Kitwood, 2008, S. 32 ff.). Die Sprache verrät die Haltung der Person gegenüber. »Meine ehemals starke Mutter verwandelte sich von einer aktiven, kontaktfreudigen, einfühlsamen Frau in ein völlig willen- und antriebsloses Wesen und war plötzlich gar nicht mehr stark, sondern hilfsbedürftig« (Tönnies, 2009, S. 9). Hier wird die Mutter zum Wesen und damit wird ihr die Konsistenz ihrer Persönlichkeit abgesprochen. Die Veränderung der Sprache geschieht schleichend und meistens nicht mit böser Absicht, dennoch ist sie diskriminierend. Nach Kitwood geht es in der Begleitung von Menschen mit Demenz darum, sie in ihrem Personsein zu achten und entsprechend zu fördern.

Er betont die Einzigartigkeit der Personen und greift auf einen psychologischen Ansatz zurück, »dessen zentrale Annahme darin besteht, daß jede Person eine bzw. ein Bedeutungsschaffende/r und eine originäre Quelle des Handelns ist« (Kitwood, 2008, S. 35). Die Persönlichkeit zeigt dann, was ein Mensch im Laufe seines Lebens gelernt hat und welche Handlungsmuster daraus für ihn oder sie entstanden sind. Je mehr jemand gelernt hat, umso entwickelter ist seine/ihre Persönlichkeit. Diese gelernten Verhaltensmuster werden Ressourcen genannt. Diese Ressourcen sind auf zwei Arten gebildet worden: erstens aus Anpassung (adaptiv) an Erwartungen von außen, die ausgesprochen oder unausgesprochen an jede und jeden durch Personen und durch soziale und kulturelle Umgebung (Gesellschaft) gestellt werden. Man lernt, sich der Umgebung entsprechend angemessen zu verhalten. Jede/-r reagiert darauf und bildet z. B. Rollen aus

(Mutter, Vater, Kind, Hausfrau, Ehemann, Chefin, Angestellte etc.). Rollenidentitäten sind Ressourcen.

Die zweite Art der Ressourcenbildung entsteht aus dem Lernen aus Erfahrungen, was die Fähigkeit bedeutet, wahrzunehmen, was mir gerade geschieht, und dies zu reflektieren. Sind diese Erfahrungen von angenehmen Gefühlen begleitet (Sicherheit, Freiheit, Freude etc.), kann sich eine Persönlichkeit entfalten. Kitwood nennt dies das »Erfahrungsselbst« (Kitwood, 2008, S. 36).

Beide Arten zu lernen, aus Anpassung und aus Erfahrung, formen eine Persönlichkeit. Beide Arten, Ressourcen zu erwerben, werden bei den meisten Menschen jedoch behindert durch Gewalterfahrungen, Überlebensstrategien und Mangel an Förderung. Dann ist das Verhaltensrepertoire zum einen eingeschränkt und kann zum anderen dazu führen, dass die Person sich anders verhält als erwartet. »Bereiche von Schmerz und innerem Konflikt werden verborgen, und die begleitende Angst wird durch psychische Abwehr versiegelt« (Kitwood, 2008, S. 36). Jede und jeder erlernt so ihre und seine Art, auch unter schwierigen Bedingungen zu überleben und zurechtzukommen. Je stärker die »Fassade« und ein »falsches Selbst«, umso größer waren die der Person durch ihr Umfeld zugefügten Beschädigungen.

Dies ist entscheidend für ein Verständnis von Menschen mit Demenz, die mit ihrer Umwelt nicht mehr zurechtkommen und sich dennoch in ihr verhalten müssen. Je mehr Empathie Menschen in ihrer Demenzerfahrung zuteilwird, je sicherer sie sich fühlen und angenehme Gefühle erleben, umso mehr haben sie die Chance, Ressourcen für ihr Leben mit der Demenz zu entwickeln.

Sie sind auf freundliche zugewandte Unterstützung angewiesen und brauchen Menschen, die mit ihnen in Beziehung gehen, sie als Personen achten und die Beziehung nicht aufkündigen, auch dann nicht, wenn sie durch langsame oder schnelle neuronale Veränderungen im Gehirn einzelne Kompetenzen verlieren. Dann verlieren sie zwar Fähigkeiten, aber nicht zwangsläufig ihre Ressourcen, mit der Demenzerfahrung zurechtzukommen.

Die Differenzierung ist grundlegend für die Haltung gegenüber Menschen mit Demenz. Wird ihnen die Beziehung entzogen und ihnen ihr Personsein abgesprochen, verkümmern sie auf Dauer und ziehen sich in sich selbst zurück. Dies ist jedoch eine Reaktion auf die Umgebung und eine Folge vieler kleiner und großer Ausgrenzungserfahrungen, gegen die sich die Betroffenen auf Dauer nicht zu Wehr setzen können.

Bei aller Einzigartigkeit der Persönlichkeiten lassen sich verschiedene Arten und Weisen beobachten, wie Menschen mit ihrer Demenzerfahrung umgehen. Auf der Grundlage von klinischen Erfahrungen wurden Persönlichkeitsstile beobachtet und folgende Haupttypen beschrieben:

- »den *Abhängigen* […], der Hilfe bereitwillig akzeptiert, aber bisweilen nur widerwillig auf eigenen Füßen steht oder die Initiative ergreift;
- den *Unabhängigen* […], der seine Behinderungen unter Umständen nicht anerkennen mag und sich gern als ›Herr der Lage‹ fühlt,
- den mit *paranoiden Tendenzen* […], der leicht auf Mißtrauen und Anklage zurückgreift;
- den *Zwanghaften* […], der von Selbstzweifel besessen ist und sich sehr vor einem Verlust der Ordnung und Kontrolle fürchtet;
- den *Hysterischen* […], der sehr fordernd und aufmerksamkeitsheischend sein kann;
- den *Psychopathen* […] – eine sehr kleine Minderheit –, der zu Impulsivität neigt und dem jegliches Zeichen der Sorge um andere fehlt« (Kitwood, 2008, S. 109).

Jede Persönlichkeit hat unterschiedliche Anteile dieser Stile und es gibt sie nicht in Reinkultur. Sie geben aber ein Gefühl dafür, wie unterschiedlich Menschen mit ihrer Demenzerfahrung umgehen können. Sie alle eint jedoch, dass sie trauern, wenn sie Ressourcen verlieren. Ihre Trauer kann fließen oder sie kann erstarren und zu einer Depression werden (Kitwood, 2008, S. 110).

Kitwood beschreibt beispielhaft die Bedeutung des Zusammenspiels von dementierenden Menschen mit ihrem Umfeld für die Lebensqualität in der Demenz anhand von zwei Fallstudien:

Dass etwas nicht in Ordnung war mit Margret, fiel Brian in einem Urlaub auf. Sie verirrte sich im Frühstücksraum und fand den gemeinsamen Tisch nicht mehr. Es häuften sich Merkwürdigkeiten, so kaufte sie einmal Katzenfutter, obwohl ihre Katze schon seit Jahren tot war. Die beiden führten eine recht förmliche Ehe, die jedoch von tiefem Respekt geprägt war. Brian fing an, sich über die Aussetzer von Margret zu ärgern, und wenn sie Ängste oder Traurigkeit zeigte, meinte er, sie solle sich zusammenreißen. Wenn sie körperliche Nähe bei ihm suchte, bat er sie, sich hinzusetzen, und fuhr mit seinen Aktivitäten fort. Ihre Desorientierung wurde stärker, doch erst als ihre Tochter, eine Krankenschwester, aus Australien zu Besuch kam, die sofort eine Demenz vermutete, ging Margret zu einem Arzt. Dieser diagnostizierte vorläufig eine Alzheimer-Krankheit. Brian verstand nun, was vor sich ging, und las alles, was er finden konnte; er wollte seine Fürsorgeaufgabe gut machen. In Folge nahm er Margret alles ab. Wenn sie in die Küche kam, um zu helfen, schickte er sie ins Wohnzimmer, um sich auszuruhen. Es erschöpfte ihn mit der Zeit so sehr, dass er müde und gereizt und Margret immer weinerlicher und verwirrter wurde, obwohl sie Beruhigungsmedikamente bekam. Brian ließ sich beraten und in Folge besuchte Margret eine Tagespflegeeinrichtung, die ihm Entlastung brachte. Ihr Gesundheitszustand verschlechterte sich zunehmend und eines Tages meinte der Leiter der Tagespflegeeinrichtung, Margrets Demenz sei zu weit fortgeschritten und sie könne dort nicht mehr bleiben. Zu Hause spitzte sich die Situation zu, Margret wurde zudem aggressiv gegenüber den Pflegerinnen und so suchte Brian ein Pflegeheim. Eines Tages machte er mit ihr eine Spazierfahrt, ohne ihr zu sagen, wohin es ging, und brachte sie in die Pflegeeinrichtung. Brian besuchte sie dort dreimal in der Woche, doch manchmal schien es, dass sie ihn gar nicht erkannte. Ihr Leiden und ihre Aktivität – nachts blieb sie nicht im Bett – störten die anderen Bewohner/-innen und es kam zu handgreiflichem Streit. Margret wurde in eine psychiatrische Klinik eingewiesen, bekam starke Beruhigungsmittel und kam im Anschluss in eine andere Einrichtung, die auf Menschen mit Demenz spezialisiert war. Die sedierenden Medikamente nahm sie weiterhin. Sie wurde morgens aus dem Bett geholt, nahm ihr Frühstück ein und saß dann stundenlang, oft halb schlafend, in einem Stuhl. Mit der Zeit wurden ihre Beine immer schwächer, so dass sie immer unselbstständiger wurde. Sie aß zunehmend weniger und ließ das Essen oft stehen. Brian besuchte sie immer seltener. Er sah keinen Sinn mehr darin. Die letzte Zeit ihres Lebens verbachte Margret fast nur noch in ihrem Bett, das Essen wurde ihr gereicht, oft als flüssige Nahrung. Eines Morgens stellte man fest, dass sie tot war (Zusammenfassung nach Kitwood, 2008, S. 64 ff.).

Es kann auch anders sein:

Bessy zog in eine betreute Wohnanlage, wenige Kilometer von ihrem Heimatdorf entfernt. Sie zeigte erste Anzeichen von Gedächtnisstörungen und ihre Tochter, die in der Nähe lebte, sah regelmäßig bei ihr vorbei. Zwei Jahre später waren die Gedächtnisstörungen weiter vorangeschritten und man konnte mit Bessy kein richtiges Gespräch mehr führen. Sie war jedoch gut gelaunt, zeigte Humor und ging gern auf andere Menschen zu. Allein leben konnte sie aber so nicht mehr, sondern man entschied sich für die Unterstützung durch ein Pflegeheim. Dort war sie in den ersten Monaten oft aggressiv und griff Mitbewohner/-innen zuweilen tätlich an. Sie weigerte sich z. B., sich vor dem Zubettgehen auszuziehen, und wenn man sie dazu anhielt, schlug sie zu. Ihre Nachbarinnen und Nachbarn fürchteten sich vor ihr und gingen ihr aus dem Weg. Zum Glück waren sich Bessy und Janet, ihre Betreuerin, auf Anhieb sympathisch. Bessy merkte sich ihren Namen sofort und wenn sie sich weh tat oder Hilfe brauchte, suchte sie nach Janet und sie entwickelten eine starke Bindung zueinander. Janet wollte herausbekommen, was hinter Bessys aggressivem Verhalten stand, und erfuhr, dass Bessy und ihr Mann früher eine Gaststätte geführt hatten. Bessy war sehr extrovertiert und knüpfte schnell Kontakt, musste sich aber auch immer wieder vor Zugriffen schützen; dies tat sie auf aggressive Art. Es gelang, die anderen Bewohner/-innen dafür zu gewinnen, dass Bessy an geselligen Veranstaltungen teilnahm. Sie hatte große Freude daran und sang gern mit den anderen. Wenn man zurückging, mussten alle immer singen und so verabschiedeten sie sich vor ihren Zimmertüren. Bessy liebte das Gesellige und den engen Kontakt zu Janet. Sie wurde ausgeglichener und die anderen Bewohner/-innen fingen an sie zu mögen wegen ihrer fröhlichen humorvollen Art. Die Aggressionen hatten erheblich nachgelassen ganz ohne Medikamente. Eines Tages stürzte Bessy und wurde in eine geriatrische Klinik gebracht. Dort starb sie nach drei Wochen. Die Hälfte der Bewohner/-innen nahmen an ihre Beerdigung teil und bezeugten, wie sehr sie sie geschätzt hatten (Zusammenfassung nach Kitwood, 2008, S. 91 ff.).

In beiden Fällen starben die Frauen mit ihrer Demenz und starken kognitiven und körperlichen Einschränkungen. Den Unterschied macht das Bleiben in Beziehung und dass jemand sich auf die Suche nach dem machte, was wirklich von Bedeutung für das Lebensgefühl und die Lebensqualität war. Das ist personzentrierte Pflege und Begleitung.

4.7 Demenz als degenerative Erkrankung

»Frau Auguste D., Ehefrau des Eisenbahnkanzlisten, Herrn Carl D., Mohrfelder Landstraße, leidet seit langem an Gedächtnisschwäche, Verfolgungswahn, Schlaflosigkeit und Ruhelosigkeit. Sie kann keinerlei körperliche oder geistige Arbeit verrichten. Ihr Zustand (chronische Paralyse des Gehirns) bedarf der Behandlung durch die örtliche Irrenanstalt« (zit. nach Whitehouse u. George, 2009, S. 114).

So lernte der junge Arzt Alois Alzheimer Auguste D. im Jahr 1901 kennen. Er untersuchte, behandelte und beforschte die junge Patientin, die gerade Anfang fünfzig war und die 1906 starb. Alois Alzheimer obduzierte ihr Gehirn und stellte die Hypothese eines »eigenartigen schweren Erkrankungsprozesses der Hirnrinde« (Maurer u. Maurer, 1999, S. 199) auf (vgl. ausführlicher Birkholz, 2017, S. 37 ff.). Seine Forschungsergebnisse fanden zu seiner Zeit wenig Resonanz. Erst in den 1970er Jahren wurde die nach ihm benannte »Alzheimersche Krankheit« umfänglich entdeckt.

Laut Duden bedeutet das aus dem Lateinischen stammende Wort »Demenz«: de-mens = ohne Geist, weg vom Geist. Es ist ein sehr negativ besetztes Wort. Geistlos zu sein wird mit »minderwertig« assoziiert, die »Entmündigung« ist dann nicht mehr fern. Unsere Sprache prägt unser Denken, Fühlen und Handeln, deshalb ist es nicht egal, wie die Veränderungen der Leistungsfähigkeit am Lebensende benannt werden. Das Nachschlagewerk »Duden« definiert Demenz als »erworbene, auf organischen Hirnschädigungen beruhende geistige Behinderung« (Duden, 2016).

Die Weltgesundheitsorganisation (WHO) geht in die gleiche Richtung. Für sie ist Demenz keine normale Erscheinungsform des Alters, sondern eine psychische Erkrankung. Sie hat das Demenzsyndrom in ihre Diagnoseschlüssel der Internationalen Klassifikation psychischer Störungen ICD-10 (10. Revision) aufgenommen (WHO, 2016). Damit gelten Menschen mit Demenz als psychisch krank und fallen in das Feld der Gerontopsychiatrie.

Das medizinische Wörterbuch »Pschyrembel« beschreibt das demenzielle Syndrom als »i. d. R. über Monate bis Jahre chronisch progredient verlaufende Erkrankung des Gehirns, beginnend mit Verlust von früher erworbenen kognitiven Fähigkeiten« (Markgraf u. Müller-Spahn, 2009, S. 166). Es werden verschiedene Demenzformen beschrieben: Alzheimer-Demenz, vaskuläre Demenz etc. Die Diagnostik geschieht durch »neurologische, psychiatrische u. neuropsychologische Untersuchung einschließlich evaluierter Demenztests (z. B. Mini-Mental-Status-Test)« (Markgraf u. Müller-Spahn, 2009, S. 167). Als Therapie werden die Pharmakotherapie benannt mit Antidementiva, Behandlung der Grunderkrankung, symptomatische Therapie mit z. B. Antidepressiva oder Neuroleptika (Markgraf u. Müller-Spahn, 2009, S. 167).

Die Medizin kann diese »Krankheit« nicht heilen, sucht jedoch in ihrer Forschung danach sowie nach Impfstoffen, die Demenz verhindern sollen. Die Forschungen werden nunmehr seit mehreren Jahrzehnten betrieben und sind – an ihren eigenen Zielen gemessen – bislang ohne wesentliche Erfolge.

Die »Denke« der Biomedizin lässt sich gut an der ausführlichen Skala nach Barry Reisberg zeigen. Reisberg, US-amerikanischer Mediziner, blickt ausschließlich auf die Defizite der Betroffenen. »In der Anwendung der Skala ist zu bedenken, dass sich die Skala ausschließlich am Defizitmodell orientiert und die Kompetenzen, die in den jeweiligen Stadien durchaus noch vorhanden sind (hohe emotionale Sensibilität), nicht berücksichtigt« (Schütte, 2006, S. 33). Die Konstruktion von Demenz als Krankheit ist die vorherrschende in westlichen Gesellschaften. Der Medizin ist die Definitionshoheit übergeben worden (Wetzstein, 2005). Die Folgen sind, dass die vielfältigen Phänomene in ein Phasenschema gepresst wurden und grobe Vereinfachungen des Demenzerlebens zur Definition eines »Krankheitsbildes« geführt haben.

4.8 Demenz als Mythos einer Krankheit oder eine mögliche Form der Gehirnalterung?

Der US-amerikanische Forscher und praktizierende Psychiater und Neurologe Peter J. Whitehouse plädiert für einen Paradigmenwechsel im Reden von und Umgang mit dem, »was man früher Alzheimer-Krankheit« (Whitehouse u. George, 2009, S. 49 f.) nannte. Er sieht in ihr ein Phänomen der Hirnalterung, das besondere Herausforderungen für die Lebensgestaltung bedeutet. Es macht für die Lebensqualität der Jahre, die ein dementierender Mensch noch vor sich hat, einen entscheidenden Unterschied, ob man Demenz als den schrecklichen Anfang eines nur unzureichend von Medikamenten abzufedernden noch schrecklicheren Endes sieht oder als Anfang einer neuen herausfordernden Lebensphase, die zunehmend Unterstützung erfordert, aber zugleich viel Lebendigkeit beinhalten kann.

Whitehouse stellt zwei Geschichten im Umgang mit Patienten und Patientinnen in der neurologischen Praxis vor. Es ist sehr lesenswert, die Geschichten ausführlich wahrzunehmen (Whitehouse u. George, 2009, S. 37 ff.); hier können sie nur kurz zusammengefasst werden.

Geschichte eins

Der 68-jährige Journalist Frank kommt mit seinem Sohn in die Praxis eines Neurologen. Dieser betritt sichtlich gestresst das Zimmer und bittet beim Öffnen der Akte Frank, von seinen

Gedächtnisproblemen zu berichten. Frank erzählt von seinen Störungen des Kurzzeitgedächtnisses, die ihn befürchten lassen, dass er die Alzheimer-Krankheit hat. Er hat sich im Internet informiert und vieles über die fortschreitende degenerative Erkrankung zusammengetragen. Er hat Angst, möchte aber von dem Arzt eine ehrliche Diagnose erhalten. Der Mediziner hört sich seine Probleme an und entwirft einen Untersuchungsplan, der psychologische Tests, Blutuntersuchungen und bildgebende Verfahren kombiniert. Eine abschließende Diagnose möchte er erst machen, wenn die Ergebnisse vorliegen. 14 Tage später kommt Frank erneut in die Praxis und im Gespräch bestätigt der Arzt, dass alle Befunde so sind, wie man sie mit der Alzheimer-Krankheit verbindet. »Um es kurz zu machen, Frank: ich muss Ihnen sagen, dass bei Ihnen die Alzheimerkrankheit vorliegt. [...] Das ist nicht das Ende der Welt. Wir haben sichere und wirksame Medikamente, die Cholinesterasehemmer heißen.« »Herr Doktor [...], können Sie mir sagen, dass ich nicht so dahinschwinden werde, wie das bei meiner Mutter der Fall war? Können Sie mir zusichern, dass ich nicht einfach in der Alzheimerkrankheit verschwinden werde?« (Whitehouse u. George, 2009, S. 38f.).

Geschichte zwei

Zu Beginn des Arztbesuches der 57-jährigen Fran, einer Bibliothekarin, die ihre Tochter mitgebracht hat, entspinnt sich ein freundlicher Smalltalk, bei dem die Beteiligten ihre Sympathien füreinander entdecken. Fran erzählt von ihrer Arbeit und den Auswirkungen der Gedächtnisprobleme, die sie hat. Sie holt ein Foto aus der Handtasche. »Mein Vater hatte Demenz. Er ist vor 25 Jahren gestorben. Ihn dahinschwinden zu sehen war [...] einfach [...] schlimmer, als man es sich jemals hätte vorstellen können. Aber jetzt trübt sich mein Verstand, wie der seine es getan hat. Ich habe solche Angst, dass ich meiner Familie zur Last fallen werde« (Whitehouse u. George, 2009, S. 39). Der Arzt hört ihr aufmerksam zu und sagt, dass man neuropsychologische Test machen werde, die ihre geistigen Stärken ebenso bestimmen wie ihre Schwächen. Weitere Tests würden nicht gemacht, was Fran sichtlich entlastet. Beim folgenden Termin fragt der Arzt Fran, wie es ihr geht, und sie erzählt, welches Buch sie gerade liest und dass sie die Alzheimer-Bücher in die Bibliothek zurückgebracht hat und stattdessen etwas über erfolgreiches Altern lese. Der Arzt sagt ihr dann als Ergebnis des Testes, dass ihre visuell-räumliche Leistung relativ schwach sei, aber ihre verbale Leistung sehr stark, wie es bei einer Bibliothekarin auch zu erwarten war. »Nun Fran, Sie haben, was andere Leute als Alzheimerkrankheit etikettieren könnten, aber ich glaube nicht, dass diese Kennzeichnung sich auf Ihre Situation gut anwenden lässt. […] Es existiert eine bemerkenswerte Variabilität im klinischen Verlauf dessen, was man früher als Alzheimerkrankheit bezeichnet hat. Die Verlaufskurve jeder alternden Person ist einzigartig. Es ist wichtig, dass Sie wissen, […] dass Sie nicht krank sind, auch wenn Ihre Gedächtnisprobleme vielleicht etwas ausgeprägter sind als bei anderen Personen ihres Alters.« […] »Herr Doktor, ich danke Ihnen«, meldet sich Beth zu Wort. »Aber ich wüsste doch ganz gerne, was meine Mutter nun eigentlich hat.« Der Doktor nickt. »Beth, nach meinen vielen Jahren als Neurologe bin ich zu der Überzeugung gelangt, dass wir uns von der Denkweise befreien müssen, dass Gedächtniseinbußen eine Art ›Krankheit‹ sind, die man ›bekommt‹. Die Gedächtniseinbußen bei Ihrer Mutter sind ein Teil dessen, was meine Kollegen und ich allmählich als die ganz unterschiedlichen Ergebnisse der Gehirnalterung zu verstehen beginnen. Es mag vielleicht etwas merkwürdig klingen, aber die Alzheimererkrankung lässt sich nicht diagnostizieren – es ist ein Konstrukt, das die Wissenschaft nicht vollständig versteht und das ich in Situationen wie der Ihren nicht für hilfreich halte. […] Ich denke, man sollte dies eher als einen Zustand betrachten, der Sie mit Herausforderungen konfrontiert und Sie und Ihre Familie in schwierige Umstände versetzt, an die Sie sich gewöhnen müssen« (Whitehouse u. George, 2009, S. 40 f.). Im Folgenden berät der Arzt Fran und ihre Tochter Beth in Bezug auf Ernährung und Bewegung und fordert sie auf, sozial aktiv zu bleiben. Zudem lädt er sie ein, an einem seiner neuen Forschungsprojekte teilzunehmen, in dessen Rahmen sie Kindern das Lesen beibringen solle. Er zeigt ihr Wege auf, mit den Veränderungen zu leben, sie zu gestalten und die Herausforderung aktiv anzugehen. Dadurch ermuntert er sie, in der Regie zu bleiben, und zeigt gleichzeitig ihrer Tochter, dass ein Leben mit den Folgen der Gehirnalterung aktiv und erfüllend sein kann – über viele Jahre.

Peter J. Whitehouse und Daniel George sind davon überzeugt, dass die »Geschichte der Alzheimer-Krankheit« ein Mythos ist, der die Betroffenen und ihre An- und Zugehörigen in eine Depression führt und durch den sie wie das Kaninchen vor der Schlange in Angst erstarren. Dieser Zustand ist nicht hilfreich, um mit Lebensqualität trotz der Veränderungen weiterzuleben. »Der Doktor unterstützt eine Geschichte, die Fran dabei helfen wird, nach ihren eigenen Vorstellungen in Würde zu altern, statt im Kontext einer einschüchternden Krankheitsdiagnose zu sterben« (Whitehouse u. George, 2009, S. 43).

Es ist entscheidend für Menschen mit Demenz, gleich zu Beginn des Prozesses auch positive Erwartungen an ihr Leben haben zu können. Die Demenzaktivistinnen und -aktivisten leben es vor: Sie werden aktiv, schreiben Bücher, heiraten. Dies sind alles Zukunftschancen, die auch zur Demenz gehören können. Das Leben ist mit einer »Diagnose Demenz« nicht zu Ende. »Für das Selbstwertgefühl ist eine gute Geschichte wohl unentbehrlich« (Robert Fulford, Journalist, in Whitehouse u. George, 2009, S. 46).

Whitehouse hat an seinem Buch »Mythos Alzheimer. Was Sie schon immer über Alzheimer wissen wollten, Ihnen aber nicht gesagt wurde« 25 Jahre lang gearbeitet. Als biomedizinisch ausgebildeter Psychiater und Neurologe, der forschend und beratend auch für die Pharmaindustrie tätig war, haben ihn die Brüche seiner täglichen Berufspraxis veranlasst, dem Phänomen tiefer auf den Grund zu gehen und eine menschlichere Geschichte zu schreiben, die in seinen Patientinnen und Patienten und ihren Angehörigen Ressourcen freisetzt, mit den einschneidenden Veränderungen zu leben.

4.9 Demenz als Transzendieren der Knechtschaft der Vernunft – eine spirituelle Sicht

Denken befreit nicht nur; es ist auch Ort der Angst, der Enge und der Zementierung von Weltvorstellungen. Es ist buddhistische Überzeugung, dass der Geist wechselhaft ist und unfrei machen kann. Die Meditationspraxis als mentale Übung beobachtet, wie der Geist funktioniert, und übt, nicht an das, was ich gerade denke und wahrnehme, gebunden zu sein. So könnte man vielleicht sagen: »Ich denke, also bin ich noch im Leiden gebunden.« Das Denken wird als Konstruktion entlarvt und mit ihm die Abhängigkeit von Gefühlen, Gedanken und Empfindungen. Ziel der meditativen Übung ist eine Zentrierung und eine Präsenz im Hier und Jetzt, ein Leben von Augenblick zu Augenblick.

»Alzheimer ist eine Krankheit, die, wie jeder bedeutende Gegenstand, auch Aussagen über anderes als nur über sich selbst macht. Menschliche Eigenschaften und gesellschaftliche Befindlichkeiten spiegeln sich in dieser Krankheit wie in einem Vergrößerungsglas. Für uns alle ist die Welt verwirrend, und wenn man es nüchtern betrachtet, besteht der Unterschied zwischen einem Gesunden und einem Kranken vor allem im Ausmaß der Fähigkeit, das Verwirrende an der Oberfläche zu kaschieren. Darunter tobt das Chaos. Auch für einen einigermaßen Gesunden ist die Ordnung im Kopf nur eine Fiktion des Verstandes. Uns Gesunden öffnet die Alzheimerkrankheit die Augen dafür, wie komplex die Fähigkeiten sind, die es braucht, um den Alltag zu meistern. Gleichzeitig ist Alzheimer ein Sinnbild für den Zustand unserer Gesellschaft. Der Überblick ist verlorengegangen, das verfügbare Wissen nicht mehr überschaubar, pausenlose Neuerungen erzeugen Orientierungsprobleme und Zukunftsängste. Von Alzheimer reden, heißt, von der Krankheit des Jahrhunderts reden« (Geiger, 2011, S. 57 f.).

Viele der Propheten des ersten Testaments der Bibel oder die mittelalterlichen Mystiker/-innen galten als verrückt. Sie irritierten, unterbrachen die Logik des Alltags und litten oft selbst unter ihren Wahrnehmungen. Ein Gottesbild der Mystik heißt »Du stilles Geschrei« (Sölle, 1997) oder »verborgene Sicherheit« (Sölle, 1997, S. 21). Das sind die Gottesbilder, die in die Demenz hineingesprochen sind.

5 Was ist Trauerbegleitung bei Menschen mit Demenz?

Trauer ist eine natürliche Reaktion auf den Verlust eines Menschen, eines Lebewesens, einer Sache, einer Gewohnheit u. a. m., zu denen eine emotionale Bindung bestand. Sie ist keine Krankheit, sondern ein natürlicher Prozess, der durchlebt werden muss, um Verlusterlebnisse zu verarbeiten und in die eigene Lebensgeschichte zu integrieren. Trauerreaktionen erfassen alle Weisen, die Welt zu erfahren: Gefühle, körperliche Empfindungen, Wahrnehmungen und Verhaltensweisen.

Trauerbegleitung bedeutet, an die Seite eines Menschen zu treten und in Resonanz mit den verschiedenen Trauerreaktionen zu sein. Trauerbegleitung ist immer ein Resonanzgeschehen, ein Mitschwingen und In-Berührung-Sein mit den Gefühlen und Ausdrucksformen, die eine Person durchlebt und wählt. Im Wort »Begleitung« kommt auch die Bewegung zum Ausdruck. Trauer ist ein Prozess, in dem sich die Empfindungen und Gedanken verändern. In der Regel benötigen Trauernde keine professionelle oder gar therapeutische Unterstützung für ihren Prozess, es sei denn, sie trauern unter erschwerten Bedingungen. »Trauer ist ein Anpassungsprozess. Erst wenn dieser misslingt und sich in der Folge eine psychische Störung einstellt, ist eine Intervention sinnvoll« (Znoj, 2012, S. 39). Begleitung im Trauerprozess ist eine mitfühlende soziale Zuwendung, die Trauernden hilft, ihre Empfindungen auszudrücken und sie durch Worte, Gesten und Rituale »aus sich herauszusetzen«, so dass sie angeschaut werden und sich lösen können.

5.1 Haltung in der Trauerbegleitung

Trauerbegleitung im Leben mit Demenz benötigt eine »Haltung, die erfüllt ist vom Respekt vor dem Leben und vor der Selbstbestimmung trauernder Menschen, von Fairness im Umgang mit sehr begrenzten Ressourcen bei Trauernden und ihrem Umfeld« (Müller, 2016, S. 39). In der Haltung der Trauerbegleitung bei Demenz brauchen die Betroffenen den langen Atem der Begleitenden. Eine hilfreiche Trauerbegleitung muss sich einlassen können auf die andere Seinsweise der Demenz. Die Diagnose »Alzheimer-Demenz« oder »vaskuläre Demenz« spielt für die Begegnung von Herz zu Herz, die in der Trauerbegleitung notwendig ist, keine vorrangige Rolle. Sie kann in der Praxis eher hinderlich sein und eine Begegnung erschweren. In der Kommunikation ist oft zu beobachten, dass das Label »demenzkrank« sich zwischen Betroffene und Begleitende schiebt. Alle betroffenen Demenzaktivisten und -aktivistinnen berichten davon.

»Was soll's!« Das ist die Haltungsbotschaft von Richard Taylor. »Was soll's!« beschreibt eine kreative Freiheit von Bewertungen: Alles nehmen, wie es ist, ob es vertraut oder befremdlich wirkt; es wird für die Trauernden Sinn haben und wichtig sein.

Gelingt es den Begleitenden, alle Emotionen, Empfindungen, Gedanken und Verhaltensweisen zu akzeptieren, so ist der erste und grundlegende Schritt für eine unterstützende Begegnung getan. Betroffene und Angehörige können sich entspannen in einem Beziehungsraum, der akzeptiert und nicht bewertet. Betroffene und Angehörige leiden an dem, was nicht mehr geht, an der Erschöpfung des Geistes und der Kraft, die den Anderen verändern und Grenzen und Konventionen sprengen.

Blick in die Praxis
Eine Ehefrau berichtete an einem Abend in der Selbsthilfegruppe, dass sie nun niemanden mehr einladen könne, weil ihr

Mann sich am Tisch nicht mehr benehmen kann.«Am vergangenen Sonntag war meine Cousine mit ihrem Mann da und als wir fertig mit dem Essen waren, nahm mein Mann seinen Teller und leckte ihn genüsslich ab. Ich wäre am liebsten im Boden versunken, so habe ich mich geschämt.« Alle im Raum hörten aufmerksam zu und man sah an den Gesichtern, dass sie alle ähnliche Erfahrungen kannten. Dann sagte eine Frau: »Mein Kompliment für deine Kochkunst. Deinem Mann hat es exzellent geschmeckt. Manchmal würde ich auch gerne den Teller ablecken.« Viele lächelten befreit und stimmten zu. Die Ehefrau konnte (noch) nicht darüber lächeln, aber sie hörte eine andere Bewertung des Verhaltens ihres Mannes.

Die Haltung in der Begegnung ist das Entscheidende und sie braucht:
- Offenheit und Akzeptanz – auch für Ungewöhnliches und Unästhetisches,
- Was soll's!,
- Wertschätzende (Um-)Deutung des Verhaltens,
- zuhören, zuhören, zuhören,
- geteiltes Erfahrungswissen über Demenz,
- Humor.

5.2 Hilfreiches aus der Trauerforschung

Forschung und Praxis sind zwei Paar Schuhe. Die beiden Bereiche haben andere Gesetze. Ist die Praxis der Trauerbegleitung sehr auf die individuelle Situation bezogen, versucht die Forschung, Strukturen zu sehen sowie Vergleichbares und davon abweichende Besonderheiten zu identifizieren, aus denen sich eine Theorie entwickeln lässt. Erzählt die Praxis individuelle und sehr persönliche Geschichten, sucht die Forschung nach

Worten, die zusammenfassen, strukturieren und Sachverhalte auf den Punkt bringen, um sie im wissenschaftlichen Diskurs durchaus kontrovers zu prüfen und weiterzuentwickeln. Forschung nimmt ihren Stoff aus der Praxis, daher braucht sie die Praxis. Braucht die Praxis auch die Forschung? Oder hat die Forschung die persönliche Trauer gar erschwert?

Vielleicht ist beides der Fall: Trauertheorie geht es nicht um den Einzelfall, sondern um das Formulieren von Strukturen, die sich in der Trauer zeigen und sie prägen. Sie können den Einzelpersonen helfen, ihr Empfinden und Verhalten zu verstehen, und ihnen dadurch eine Perspektive für den eigenen Prozess aufzeigen. Sie können aber auch Trauerprozesse erschweren, wenn man das eigene Empfinden und Verhalten dort nicht wiederfindet. Dann geht man entweder »leer aus« oder empfindet sich als »unnormal«.

Im Folgenden findet sich ein Gang durch die Geschichte der Trauerforschung mit dem Ziel, zu zeigen, dass auch Trauerforschung sich wandelt und einzelne Positionen Kinder der Diskurse ihrer Zeit sind. Zudem haben die Forschenden verschiedene Symbole und Begriffe für die Prozesse des Trauerns geprägt, die in ihrer Gesamtschau hilfreich sind, um sich darin zu bedienen. Welche Worte, welche Aspekte helfen mir zu verstehen und dem, was ich erlebe, Sprache zu geben?

Es ist sinnvoll, die Modelle, die Emotionen und Verhaltensweisen erklären möchten, mit den Aufgaben, die sich Trauernden stellen, unter den jeweiligen kulturellen Bedingungen zu verstehen mit ihren wandelbaren blinden Flecken. Ein solch blinder Fleck ist die Komplexität des Trauerns im Kontext von Demenz noch. Alle Modelle der Trauerarbeit eignen sich, um Aspekte dieses Geschehens ins Licht zu führen.

Es gibt eine Vielzahl von Modellen, die Trauer erklären und Wege zu ihrer Bewältigung weisen möchten. Den Begriff »Trauerarbeit« hat Sigmund Freud geprägt in seinem Aufsatz »Trauer und Melancholie« (1917).

In seiner psychoanalytischen Sicht ist das Ziel der Trauerarbeit die Loslösung von den Verstorbenen. Und wenn dieser Prozess abgeschlossen ist, ist die Trauerarbeit erfolgreich abgeschlossen. Gelingt das nicht, liegt eine Pathologie vor (vgl. Paul, 2011, S. 16). Forschung schafft immer wieder Normen für die Praxis, die dazu führen, dass von »normal« und »nicht normal« gesprochen wird. Dadurch verändern sich die Bewertungen von Trauererleben und Traueräußerungen in Gesellschaften. An diesen Bewertungen nagt zum Glück der Zahn der Zeit. Sie überleben sich und werden durch neuere Forschung hinterfragt und zum Teil widerlegt. Wissen wandelt sich und wird immer wieder neu konstruiert. Dabei spielt die Alltagserfahrung eine zunehmend selbstbewusstere Rolle. Betroffene, die nicht im Fokus der Forschung stehen, melden sich zu Wort oder werden von Forschern und Forscherinnen wahrgenommen.

Es folgt eine Darstellung von wesentlichen Ausschnitten der Geschichte der Trauerforschung. Sie soll dem Verstehen von Annahmen dienen, die im Zusammenhang mit Bewertungen und Haltungen von Trauererleben stehen können und vielleicht erhellen, warum die Trauer von Menschen in ihrer Demenzerfahrung bisher als Thema kaum gesehen wurde.

In den 1960er Jahren begann die in den USA lebende Schweizer Ärztin *Elisabeth Kübler-Ross* intensiv Gespräche mit schwerkranken Patientinnen und Patienten zu führen und diese mit Studierenden zu analysieren. Sie wollte verstehen, was in Menschen, die die Diagnose einer tödlichen Erkrankung bekommen haben, vor sich geht und wie sie auf das Sterben zugehen. Das Forschungssetting der Ärztin und Psychiaterin war das Akutkrankenhaus. Sie beobachtete bei vielen Menschen eine Abfolge von ähnlichen Gefühlen und Verhaltensweisen, sowohl bei den Schwererkrankten als auch bei ihren Angehörigen.

Sie strukturierte ihre Beobachtungen und entwickelte ein Modell von fünf Phasen des Sterbens, die sie in ihrem Buch »On death an dying« von 1969 (dt. Ausgabe: Interviews mit Sterbenden; Kübler-Ross, 2001) veröffentlichte. Alle Phasen hatten einen Sinn bei der Verarbeitung der existenziellen Bedrohung und ermöglichten den Betroffenen schrittweise eine emotionale Verarbeitung bis hin zur Annahme des Sterbens. So nimmt Kübler-Ross folgende Phasen wahr: 1. Nicht wahrhaben wollen/2. Zorn/3. Verhandeln/4. Depression/5. Zustimmung.

Sie sah es als die Aufgabe von Begleitenden an, den Betroffenen Verständnis entgegenzubringen, selbst verstehen zu wollen und ihnen beim Ausdruck ihres Erlebens zu helfen, so dass sie am Ende ihr Sterben annehmen können. Dabei bezog sie sich auf die Bindungstheorie des britische Kinderpsychiaters John Bowlby, der die Theorie aufstellte, dass Menschen ein angeborenes Bedürfnis haben, enge und gefühlsintensive Bindungen einzugehen. In Bezug auf den Verlust der vertrauten Menschen bedeutet dies: Je stärker die Bindung, desto stärker ist die Trauerreaktion (vgl. Bowlby, 2006).

Kübler-Ross sah es als ein wichtiges Bedürfnis von Sterbenden an, unerledigte Dinge zu klären und ungelebtes Leben zu betrauern oder nachzuholen. Das erinnert an die These von Naomi Feil, die meint, Menschen mit Demenz möchten durch das dementierende Erleben alte Konflikte auflösen, um in Ruhe sterben zu können.

Kübler-Ross wurde weltberühmt, reiste, hielt Vorträge und begegnete in unzähligen Workshops Menschen, von denen sie sagte, dass sie nicht Angst vor dem Sterben, sondern vor dem Leben hätten. Ihre Arbeit wurde aufgegriffen von Forschern, die den Prozess des Trauerns erklären wollten. Die Modelle von Yorick Spiegel (Modell von 1972) und Verena Kast (Modell von 1982) entstanden auf dieser Grundlage und wurden stark rezipiert.

Der evangelische Theologe und Professor für Systematische Theologie *Yorick Spiegel* beschrieb sein Phasenmodell vor dem Hintergrund der praktisch-theologischen Erfahrung von

Gemeindeseelsorgern und -seelsorgerinnen, die Menschen im Rahmen von Beerdigungen und Seelsorge begleiteten (Spiegel, 1995).

Die Schweizer Psychologieprofessorin *Verena Kast* entwickelte Trauerphasen auf der Grundlage des Psychiaters und Begründers der analytischen Psychologie Carl Gustav Jung und ihrer konkreten therapeutischen Erfahrungen mit Trauernden: 1. Verdrängen/2. Aufbrechende Emotionen/3. Suchen und Sich-Trennen/4. Neuer Selbst-Welt-Bezug (Kast, 1999). Verena Kast hat zudem den Begriff der abschiedlichen Existenz, des »abschiedlich leben« geprägt, der die Trauer als Lebenshaltung in Abschieden ausdrücken möchte, denn »auch bei unseren alltäglichen Begegnungen mit dem Tod scheint mir das Trauern wichtig zu sein. […] An der Emotion der Trauer, so paradox es klingt, können wir ›gesunden‹, denn sie bewirkt Wandlung. Wir können den Tod sehen als jene Macht, die uns ständig antreibt, uns zu wandeln. Der Gedanke der Wandlung kann ein faszinierender Gedanke sein, aber der Preis der Wandlung ist Trennung, ist Verlust. Wenn wir das übersehen, […] findet kaum Wandlung statt: denn nur die Emotion der Trauer bewirkt Wandlung, lässt wirklich Abschied nehmen und macht den Menschen bereit für neue Beziehungen« (Kast, 1999, S. 185).

Alle Phasenmodelle bleiben dem Freud'schen Gedanken der »normalen« und der »pathologischen« Trauer verhaftet. Diese werden abgelöst in den 1980er Jahren von dem US-amerikanischen Psychologieprofessor *William J. Worden,* der ein Modell der Traueraufgaben entwickelte. Seinen Impuls dazu erhielt er in seiner therapeutischen Arbeit mit trauernden Eltern, für die ein »passives Phasenmodell« nicht hilfreich war. Trauer muss aktiv gestaltet werden und die Aufgaben, die der Tod stellt, müssen gelöst werden (Worden, 1982/2018). Wordens Traueraufgaben orientieren sich an Bowlbys Bindungstheorie. Trauer beobachtet er zudem als Geschehen, das die ganze Person erfasst. Er

formuliert vier Kriterien: Gefühle, körperliche Empfindungen, Wahrnehmungen und Verhaltensweisen. Sein Modell gestaltet sich mit vier Aufgaben (Worden, 1982/2018):
1. den Verlust als Realität akzeptieren,
2. den Trauerschmerz erfahren,
3. sich anpassen an eine Umwelt, in der der Verstorbene fehlt,
4. emotionale Energie abziehen und in eine andere Beziehung investieren.

Seine vierte Aufgabe folgte dem Gedanken, dass der Trauerprozess abgeschlossen sei, wenn die Bindung an die Toten gelöst ist. Durch seine Arbeit mit trauernden Eltern modifizierte er dies später. Es geht ihm heute nicht mehr um einen Abschluss der Trauer im Sinne eines endgültigen Loslassens, sondern um eine Verwandlung der Beziehung zu den Toten. Die Aufgabe besteht nun darin, »die Bindung zur verstorbenen Person zu behalten, diese jedoch neu zu verorten, um sich so dem eigenen Leben zuwenden zu können« (Worden, 1982/2018, S. 10). So nennt er die vierte Phase seit 2011: »4. Finden einer dauerhaften Verbindung mit der verstorbenen Person inmitten des Aufbruchs in ein neues Leben« (S. 10).

In den 1990er Jahren wurden weitere Konzepte entwickelt, die sich mit den individuellen Trauerreaktionen beschäftigten, aber darüber hinaus auch verstärkt kulturelle, soziale und situationsabhängige Faktoren einbezogen, die die Verarbeitung von Verlusten beeinflussen. Zu nennen ist hier der US-amerikanische Gerontologe *Kenneth J. Doka,* der den Begriff »disenfranchised grief« geprägt hat. Übersetzt wird dieser mit »aberkannter Trauer« (Paul, 2011, S. 51) oder »sozial nicht anerkannter Trauer«. »Obwohl eine Person Trauerreaktionen durchlebt, hat sie aus Sicht des sozialen Umfeldes kein Recht zu trauern und keinen Anspruch auf Mitgefühl oder soziale Unterstützung« (nach Müller u. Willmann, 2016, S. 20).

Fünf Kriterien führt Doka auf, die auch kombiniert auftreten können:
1. Die Beziehung wird bewertet.
2. Der Verlust wird bewertet.
3. Die Betroffenen werden bewertet.
4. Die Todesumstände werden bewertet.
5. Der persönliche Trauerstil wird bewertet.

Die soziale Ächtung der Trauer einer Person führt dann zur »erschwerten« oder »komplizierten« Trauer, die eine Person länger und schmerzhafter trauern lässt, als wenn ihre Trauer soziale Wertschätzung und Unterstützung fände.

Weitere, andere Aspekte, die Trauerprozesse beeinflussen, haben das niederländische Forscherteam *Margaret Stroebe* und *Henk Schut* ins Blickfeld gehoben durch ihren Blick auf den Zusammenhang zwischen kultureller Prägung und Trauer. Dabei haben sie Trauer aus unterschiedlichen Jahrhunderten und Kontinenten verglichen. Sie kamen zu der Erkenntnis, dass sowohl die Trauerrituale als auch das Trauererleben unterschiedlich sein können und sehr von der jeweiligen Kultur abhängen. Sie entwickelten zudem das Duale Prozess-Modell der Trauerbewältigung (Stroebe u. Schut, 1999). Dort unterschieden sie zwischen verlustorientierten und wiederherstellungsorientierten Stressoren in der Trauer.

- Verlustorientierte Prozesse meinen den Trennungsschmerz und das Verhalten, das sich mit den Verstorbenen beschäftigt: Erinnerungskultur, integrieren der Erfahrungen mit den Verstorbenen in eine neue Welt ohne ihre physische Präsenz, so dass sie im Alltag präsent bleiben.
- Wiederherstellungsorientierte Prozesse meinen Aktivitäten, die auf das Weiterleben, das Erhalten des Alltags und der Lebensstrukturen sowie auf den Neuaufbau der eigenen Welt gerichtet sind. Hier müssen neue Rollen gefunden werden,

Aufgaben, die man vorher abgegeben hat, müssen nun selbst erledigt oder neu delegiert werden, ökonomisch ist das Leben gegebenenfalls neu zu sichern.

Beide Prozesse verlaufen beim Trauern parallel zueinander.
Die Modelle der 1960er bis 1980er Jahre folgten einem eher linearen Verständnis der Trauerverarbeitung. Besonders die Phasenmodelle neigen dazu oder wurden dahingehend interpretiert, dass »normale« Trauerprozesse in dieser Reihenfolge ablaufen sollten. Es wurde zwischen »normaler« Trauer und »pathologischer« Trauer unterschieden.

So entstanden medizinische Diagnoseschlüssel für pathologische Trauer, die bestimmte Trauerreaktionen als krank erklärten. Mit der Erhellung der Trauerprozesse ging auch eine Normierung einher, die durch die folgenden Modelle kritisiert und abgelöst wurde. Statt von »pathologischer« Trauer spricht man heute von »erschwerter« oder »komplizierter« Trauer. Damit wird den vielfältigen Einflussfaktoren auf einen Trauerprozess Rechnung getragen, werden die Stigmatisierung und mögliche Medikalisierung der Trauer verhindert und ein weiterer Blick auf hilfreiche Formen der Trauerberatung und -begleitung entwickelt.

»Was wir brauchen, ist eine Theorie, die für Flexibilität Raum lässt. Nicht alle Menschen trauern auf die gleiche Weise und das Hervorheben individueller Unterschiede ist äußerst wichtig. […] Das beste Modell ist eines, das Menschen zu einem bestimmten Zeitpunkt nicht auf eine Aufgabe festlegt und andere Aufgaben ausschließt« (Worden, 1982/2018, S. 60).

Solch eine Theorie muss sich der Trauer als Reaktion auf Verluste grundsätzlich zuwenden. Die Geschichte der Trauertheorie ist auch eine Geschichte der Theorie der Trauer nach dem Tod von Vertrauten. Liegt der Fokus auf dem Tod, werden Trauerprozesse selbstverständlich erkannt. Die demenzbedingte Trauer wird als solche nicht erkannt. Die Hilflosigkeit der Begleitenden und Angehörigen wird dann häufig mit einem »das ist die Krankheit« »getröstet«. So wird Angehörigen empfohlen, das dementierende Verhalten der Krankheit zuzuschreiben und die Ausdrucksformen als Krankheitsäußerungen zu realisieren (Schinköthe u. Wilz, 2011). Wenn sie sich damit schwertun, werden sie als »ungläubige Angehörige« pathologisiert. Die therapeutischen Interventionen erscheinen dann nahezu manipulativ. Die umfassende Pathologisierung des dementierenden Verhaltens verhindert eine Sensibilisierung für die Trauer von Menschen mit Demenz und auch für die Trauer ihrer An- und Zugehörigen.

Im Folgenden werden einige häufig vorkommende und daher vielleicht als typisch zu bezeichnende Faktoren benannt, die Trauer bei Betroffenen auslösen.

5.3 Trauerfaktoren von Menschen, die mit einer Demenz leben

Trauer äußert sich grundsätzlich sehr individuell und hängt von den Wesenszügen einer Person, von ihrer Biografie, ihrer sozialen Sicherheit, ihren Bewältigungsmechanismen, ihrer Resilienz etc. ab.

In einem Leben mit Demenz gibt es in unserer Gesellschaft (noch) klassische Erfahrungen, die Trauer auslösen können. Wenn Menschen miteinander emotional verbunden sind, lassen sich die Trauerauslöser nicht nach Dementierenden und Zugehörigen aufteilen, sondern sind oft verbunden, wenn auch mit unterschiedlichen Akzenten. Einige werden in diesem Kapitel genannt und in der Verbundenheit beschrieben.

5.3.1 Trauer, die durch die demenziellen Veränderungen ausgelöst wird

Durch die *Beeinträchtigung des Kurzzeitgedächtnisses* können Betroffene sich nicht an das, was vor einigen Minuten, Stunden oder Tagen war, erinnern. Sie können sich oft nicht erinnern, wenn sie danach gefragt werden, was es denn heute zum Mittagessen gab, ob der Besuch im Park schön war, von wem denn die schönen Blumen auf dem Tisch sind oder wo denn der blaue Fleck am Arm herkommt, ob sie gestürzt sind. Wir stellen unglaublich viele Fragen, zu deren Beantwortung wir ins Kurzzeitgedächtnis greifen. Jede Diskussion, jede Planung etc. lebt davon. Dies sind ganz alltägliche Kommunikationsstrukturen, ohne die ein Zusammenleben kaum funktioniert. Ist das Kurzzeitgedächtnis gestört, dann kann jemand die Erinnerungen nicht abrufen und die Fragen nicht beantworten. Es lässt sich nicht vermeiden, dass Betroffene diese Störung selbst merken. Eine Folge kann das *Erschrecken über sich selbst* sein. Das Realisieren, »dass da etwas nicht stimmt«, kann Trauer auslösen. Durch die Alltäglichkeit der Kommunikationssituationen kann diese Trauer nicht vermieden werden und wird mehrmals pro Tag ausgelöst. Bei Menschen mit einer beginnenden Demenz kann dies enormen Stress verursachen.

Frau Mauerhoff kommt mit einem Nachthemd bekleidet den Flur entlang auf Marion Kainz zu:
Frau Mauerhoff: »Hallo.«
Marion Kainz: »Hallo.«
Frau Mauerhoff: »Hallo.«
Marion Kainz: »Hallo.«
Frau Mauerhoff: »Ich bin ganz außer mir. Guten Tag, mit wem habe ich das Vergnügen?«
Marion Kainz: »Ich bin's, die Marion.«
Frau Mauerhoff: »Marion, weißt du, was liegt da vor?«
Marion Kainz: »Wo denn?«
Frau Mauerhoff: »Hier, bei mir und die Umgebung?«
Marion Kainz: »Sie sind hier im Fliednerheim, das ist ein Alten- und Pflegeheim hier.«

Frau Mauerhoff: »Alten- und Pflegeheim?« (Pause) »Also, dass sie mir davon nichts gesagt haben!«
Marion Kainz: »Das haben Sie bestimmt im Augenblick gerade vergessen, weil Sie aufgeregt sind.«
Frau Mauerhoff: »Ich weiß nicht, was ich machen soll. Ich werde einfach vor vollendete Tatsachen gestellt und soll damit zufrieden sein. Kann ich nicht damit zufrieden sein. Ich habe doch an sich all meine Pflichten erfüllt, die notwendig waren.«
Marion Kainz: »Haben Sie auch.«
Frau Mauerhoff: »Ja und?«
Marion Kainz: »Ihnen möchte keiner was Böses damit.«
Frau Mauerhoff: »Ja und nun? Was geschieht jetzt?«
Marion Kainz: »Sie können hier wohnen bleiben.«
Frau Mauerhoff: »Wohnen bleiben?« (langgezogen betont)
Marion Kainz: »Sie sind schon 'ne Zeit hier.«
Frau Mauerhoff: »Eine Zeit […] und keiner hat mir was gesagt? Wie ist so was möglich nur?«
(Kainz, 2000, Minuten 0:14–2:17)

Die *Persönlichkeit* von Menschen mit Demenz kann sich verändern, wobei nicht klar ist, woran das liegt. Sind es Veränderungen im Gehirn, die die Persönlichkeit verändern, oder ist es die Verunsicherung durch die Demenz mit all ihren sozialen Reaktionen, die die Veränderung der Persönlichkeit nach sich zieht? Oder beides? Entfremdet sich ein Mensch von sich selbst? »Ich bin nicht der, für den ich mich hielt. […] Ich streite mehr und höre weniger zu. Ich ziehe voreilige Schlüsse und zögere manchmal ängstlich, meine Meinung zu äußern. Das klingt nicht nach dem Richard, wie wir beide ihn kennen, nicht wahr?« (Taylor, 2010, S. 133).

Oder hat jemand in der Demenz die Chance, Wesensanteile zu leben, die früher unter der Kontrolle von Werten und Normen standen?

So berichtet ein Sohn, dass seine Mutter im Lauf der Demenz anders sei, als er sie kenne. Sie hat immer penibel das Unkraut im Garten gezupft. Priorität hatte, dass alles ordentlich war. Jetzt störe sie das Unkraut kaum. Früher war sie eine gewissenhafte Hausfrau und jetzt weigere sie sich oft, bei der Hausarbeit zu helfen, mit einem klaren und bestimmenden »Ich-habe-keine-Lust-dazu«. Sie kann stundenlang in ihrem Sessel sitzen und genüsslich nichts tun. So entspannt kannte er sie früher nicht, sieht aber in dem jetzigen Verhalten Zufriedenheit bei ihr. Wenn es zu Auseinandersetzungen kommt, ist sie genauso starrköpfig wie früher; da kann er keine Veränderung der Persönlichkeit entdecken. Ihre Kraft ist auch mit einer schweren Demenz diesbezüglich ungebrochen.

Hilfreich und herausfordernd ist bei Auffälligkeiten, nach der Logik des Handelns zu fragen mit der Überzeugung, dass es einen Sinn für den Menschen mit Demenz geben muss, der vielleicht nicht spontan ersichtlich ist. Findet man die Handlungslogik, erscheint das Verhalten oft nachvollziehbar und berechtigt und das Label »persönlichkeitsverändert« geht schwerer über die Lippen (vgl. Becker, 1999). Diese Haltung ist eine offene, suchende und der Person gegenüber positive. Menschen mit Demenz, die diese suchende und wertschätzende Haltung erfahren, sind entspannter und können mit einer stabilen Persönlichkeit in ihrer Demenz leben.

Der *Verlust von Erinnerungen und das Teilen der eigenen Geschichte* kann Trauer auslösen. Der letzte Dialog des Films zwischen Frau Mauerhoff und Marion Kainz zeigt die verzweifelte Trauer von Frau Mauerhoff:

Frau Mauerhoff (leise): »Ich weiß nicht mehr, was ich machen soll.« […] »Was wissen Sie von mir? Wo ich einhaken könnte?«
Marion Kainz: »Ich kann mich da schlecht reinversetzen, wie Sie sich fühlen.«

Frau Mauerhoff: »Verloren. Ich bin vollkommen verloren. Wenn ich mich nicht mehr so erinnern kann, ist es aus.« (Pause) »Ich weiß nicht weiter mehr. Ich weiß wirklich nicht weiter mehr. Da ist eine dunkle Wand vor mir.« (Pause) »Kann ich nicht irgendwo hingehen und fragen, ob man mich kennt, damit ich Anhaltspunkte habe?«
Marion Kainz: »Hier kennt man Sie. Ich kenn' Sie, mh, die Frau Möverstedt kennt Sie.«
Frau Mauerhoff: »Ja, damit aber kann ich nichts anfangen, weil es alles noch so stehengeblieben ist. Es müsste was Durchschlagendes sein, wo man irgendwo einhaken könnte.«
Marion Kainz: »Was denn zum Beispiel?«
Frau Mauerhoff: »Ja, wo bin ich gewesen die ganze Zeit? Was hab ich getan? Ich weiß von nichts. Ist mein Gedächtnis weg?«
Marion Kainz: »Es geht weg, ja. Es geht weg, Sie werden vergesslich.«
Frau Mauerhoff: »Vergesslich. Ja und wie kann ich es aufhalten?«
(Kainz, 2000, Minuten 40:15–42:57)

Es kann für dementierende Menschen chronischen Stress bedeuten, wenn sie Bruchstücke ihrer Geschichte verlieren und z. B. nicht wissen, warum sie z. B. nicht mehr in der eigenen, vertrauten Wohnung leben, sondern bei Angehörigen, in einer Demenz-WG oder in einem Pflegeheim. Das häufige und starke Motiv, nach Hause zu wollen – und dann immer daran gehindert zu werden –, kann Ausdruck davon sein.

Eine weitere Erfahrung in der Demenz ist, dass alte Erinnerungen präsent sind, als wären sie im Augenblick real. So können alte Konflikte präsent sein und bedrängen. »Die Erinnerung kehrt zurück wie ein Feind, den man niemals besiegt« (Rafael Chirbes in Jens, 2009, S. 96).

Alte Trauer begegnet erneut. Diese Erfahrung ist grundlegend für die Validationsarbeit von und nach Naomi Feil. Wenn eine dementierende Person die Trauer längst vergangener Zeiten im Hier und Jetzt immer wieder erlebt, kann die Biografiearbeit eine Hilfe für die Begleitenden sein. Wesentliche schmerzhafte Erfahrungen, die wir als konkrete Bilder erinnern, werden aber oft nicht bekannt sein; besonders für fremde Personen nicht oder wenn die Ereignisse mit Trauer und Scham verbunden, tief in der Person eingeschlossen waren.

»Seit vier Jahren versuche ich, in die Welt von Hr. N. einzutauchen. Das ist nicht leicht, weil er nicht mehr in ganzen Sätzen spricht. Wie üblich treffe ich Hr. N. im Rollstuhl sitzend an. Seine Beine sind sehr schwach.

Er ist untergewichtig, aber immer in Bewegung. Er schwingt seinen Oberkörper vor und zurück, immer und immer wieder. Dabei macht er ein lautes Geräusch, ›Uuhhh‹. Ich höre Angst im Ton seiner Stimme. Er macht diese Bewegung nur, wenn er in seinem Rollstuhl sitzt, niemals im Bett, im Bad oder in einem Sessel sitzend. […] Nach einer längeren Reihe von Besuchen wird mir klarer, was Hr. Ns immer gleiche Bewegung ausdrücken könnten. Mit Hilfe seines Körpers versetzt sich Hr. N. in eine Phase seines Lebens vor ca. 60 Jahren. Seine Körperbewegungen bringen die beständigen Erinnerungen einer Zugfahrt aus der Vergangenheit zurück.

Als ich ihn im Dialekt frage, ob der Schaffner schon dagewesen sei, antwortet er: ›Na, no need‹ (Nein, noch nicht); ob er seine Fahrkarte habe?

›Do brauchst kann Fahrschein.‹ ›Hat der Zug gar keinen Schaffner?‹, frage ich ihn. ›Na, der hat kann‹, antwortet er mit Überzeugung.

Am Schluss wurde es klar: Der Zug ist schaffnerlos und hat auch keinen Speisewagen. […] Er fährt in ein Vernichtungslager der Nazis. Herr N. hat den Horror überlebt« (de Klerk-Rubin u. Sramek, 2002, S. 67).

Ist eine Demenz weiter fortgeschritten, gehen Worte verloren. Die Betroffenen suchen zuweilen und ringen im Gespräch um Unterstützung oder sie verwenden Wortneuschöpfungen, die Ähnlichkeit haben mit dem, was sie sagen wollen, und mit etwas, das sie gerade in ihrem Umfeld sehen oder hören und das sie in ihrer Suche verwenden. Der *Verlust von Sprache*, das Ringen um Worte, die sich nicht finden lassen, und zu merken, dass ich es nicht erzwingen kann, kann Trauer auslösen. Reaktionen können die fehlgeschlagene Suche benennen wie in dem Dialog:

Frau Mauerhoff: »Es kommt nicht raus.« (Pause) »Und und, wenn man so viel hat, von einem Stück zu mehreren, was sagt man dazu?«
Marion Kainz: »Sammlung.«
Frau Mauerhoff: »Sammler, nicht ganz. Wenn man so viele Menschen sieht aufeinander, wie sagt man darauf?«
Marion Kainz: »Versammlung.«
Frau Mauerhoff: »Nein, was sagt man?«
Marion Kainz: »Gruppe.«
Frau Mauerhoff: »Auch nicht.« (Pause) »So nah dran.«
Marion Kainz: »Was für'n Gefühl haben Sie denn?«
Frau Mauerhoff: »Das es sich zusammenreimen könnte.«
Marion Kainz: »Was kann sich zusammenreimen?«
Frau Mauerhoff: »Was ich im Schatten sehe.« (Pause) »Ist das nich ne Schweinerei? (sehr leise) Oh Gott, oh Gott, oh Gott. Es ist so nah dran.«
(Kainz, 2000, Minuten 29:00–30.27)

Der *Verlust des Erkennens* kann Trauer auslösen, wenn jemand etwas tun möchte und es nicht gelingt, z. B. beim Anziehen, wenn Kleidungsstücke nicht erkannt werden und »falsch« angezogen werden. Die Frustration, dass das Anziehen nicht gelingen will, kann Trauer auslösen.

Der *Verlust von Teilen der Autonomie und der Steuerung des eigenen Lebens* kann sehr lange und schmerzhafte Trauerprozesse auslösen. Die Situationen sind alltäglich und erstrecken sich über sehr viele Lebensbereiche. Das beginnt beim Einkaufen, geht über das Regeln geschäftlicher Dinge wie das Überweisen von Rechnungen, über das Zulassen von pflegender Unterstützung beim Toilettengang bis hin zum veranlassten Umzug in ein Pflegeheim mit den dortigen Gesetzmäßigkeiten und Tagesabläufen. »Ich kann mir schwer vorstellen, wie es für eine Ehefrau oder einen Ehemann ist, zum Partner oder der Partnerin sagen zu müssen: ›Ab jetzt werde ich mich um dein Geld und dein Auto kümmern. Wenn du irgendwo hin möchtest oder musst, fahre ich dich.‹ […] Ich weiß allerdings genau, wie es sich anfühlt, wenn eine Person (ich) diesen Satz von seiner Frau zu hören bekommt. Es war für beide Seiten dramatisch und traumatisch« (Taylor, 2010, S. 170).

Im weiteren Verlauf einer Demenz kann aus einer altersbedingten Blasenschwäche eine nicht mehr steuerbare *Inkontinenz* werden. Dies bedeutet für die Betroffenen, dass sich ihre Kleidung verändert. Die persönliche Unterwäsche wird durch Schutzhosen und Vorlagen ersetzt. Dadurch passen vielfach die alten Hosen nicht mehr und man fühlt sich in seiner Haut und Kleidung nicht wohl. Die Inkontinenz hat enorme Auswirkungen auf das soziale Leben, da viele befürchten, nicht überall und schnell genug eine Toilette zu finden und in die peinliche Situation zu kommen, dass sie durchnässen. Sozialer Rückzug kann eine Folge sein, besonders dann, wenn nicht realisiert wird, dass die Schutzhose ein Durchnässen weitgehend verhindert. Die Inkontinenz kann eine weitere Schwierigkeit nach sich ziehen: Betroffene möchten zuweilen nicht mehr so viel trinken, um nicht so oft zur Toiletten zu müssen oder öffentlich in die Situation zu geraten, dass sie den Harn nicht halten können.

Bei einer fortgeschrittenen Demenz wird zum Teil die Inkontinenz an sich nicht mehr als Störung erlebt, aber das *Scham-*

gefühl bleibt, wenn Hilfe nötig wird und die Intimität des Toilettengangs mit Angehörigen oder diensthabenden Pflegenden geteilt werden muss. In diesen Situationen kann es zu aggressivem Verhalten kommen, da hier natürlicherweise Grenzen verletzt werden können. Die Aggression ist dabei ein Zeichen der Integrität. Das Schamgefühl ist da und wird verteidigt.

»Morgenpflegerunde. Manuela betritt das Zimmer von Frau Stark. Sie weckt sie liebevoll. Unterhose und Strümpfe werden teilweise im Liegen angezogen. Mit der Unterhose ›auf Halbmast‹ wird sie zur Toilette geführt, nackter Oberkörper. ›Frau Stark, haben Sie groß gemacht?‹, fragt Manuela. ›Nein, was wollen Sie denn noch wissen?‹, antwortet Frau Stark. Manuela empört, ›ich bitte Sie, Frau Stark!‹« (Koch-Straube, 1997, S. 212).

Im Pflegeheim lösen sich die Grenzen weiter auf und der Mensch wird »öffentlich«, auch sein Körper. Entwürdigende Situationen können alltäglich werden.

»Ausflug. Auf dem Weg zum Café muß Frau Senefeld ›pinkeln‹. Der Kleinbus wird in einem Feldweg zwischen Obstbaumfeldern angehalten. Frau Senefeld wird von zwei MitarbeiterInnen direkt am Straßenrand ›abgehalten‹, vor den Augen aller MitfahrerInnen (der Busfahrer und ein Bewohner sind auch dabei) und der vorbeifahrenden Autofahrer. Frau Beyer kommentiert: ›Jetzt sieht man den ganzen Popo.‹ Kein Baum, obwohl reichlich vorhanden, bietet wenigstens minimalen Sichtschutz. Was empfindet Frau Senefeld, was die anderen Mitfahrenden und die Mitarbeiterin?« (Koch-Straube, 1997, S. 212).

Katharina Gröning spricht von körperlicher, sozialer und seelischer Scham und von einer Entweihung alter Menschen in Grenzsituationen der Pflege (Gröning, 2014). Der zeitliche

Druck, die Alltäglichkeit des Begleitens der Toilettengänge und die »Inko-Versorgung« können zu einer Abstumpfung führen, der die Intimsphäre und die Scham der abhängigen Menschen in den Strukturen von Organisationen zum Opfer fallen. »Herr B. hat Stuhlgang gehabt. Wenn man ihn lange genug sitzen läßt, kommt schon was« (Koch-Straube, 1997, S. 217). Sind Menschen mit Demenz solchen Situationen ausgesetzt, verlieren sie ihre *Würde* und ihr *Wertgefühl* und sind selbst nicht in der Lage, sie wiederherzustellen. Sie erleben die Folgen des *Verlustes ihres Personseins*. Sie stellen quälende Fragen und kämpfen um ihr Zuhause, einen Ort mit Menschen, wo sie hingehören.

»Am Abend. Die BewohnerInnen werden in ihre Zimmer begleitet bzw. ins Bett gebracht. Frau Groß und Frau Marek, die ein Zimmer bewohnen und abends oft noch lange unterwegs sind, kommen jetzt dran. Frau Groß wird im Flur ›aufgegriffen‹. Sie will – wider Erwarten – ins Bett.

Veronika: ›So, wir ziehen uns jetzt aus.‹ Es geht alles ›reibungslos‹. […]

Frau Groß liegt kerzengerade, wie aufgebahrt, im Bett. Plötzlich schaut sie auf und sagt zu mir: ›Sie grinsen mich auch so an.‹ Ich gehe näher zu ihr und beginne, mich mit ihr zu unterhalten.

Frau Groß: ›Warum bin ich hier eingesperrt? Wenn das mein Mann wüßte, der würde mich hier herausholen. Der wollte immer, daß wir alle zusammen sind. Warum muß ich hier sein? Hier kann ich nicht raus. Ich muß doch nach Hause. Ich habe doch niemanden was getan, warum bin ich denn hier? Ich habe doch keine Schuld.‹

Meine Erklärung, daß sie ganz sicher nicht daran Schuld sei, daß sie Pflege braucht und deshalb im Heim sei, prallen an ihr ab. […] Ohne sie beruhigen zu können, verlassen wir das Zimmer, mit dem Versprechen, noch einmal vorbeizukommen. Frau Groß ruft uns nach: ›Ihr lügt doch alle.‹« (Koch-Straube, 1997, S. 78 f.).

Frau Groß erlebt ihre Situation im Pflegeheim als Bestrafung und hat bereits das Vertrauen zu den Pflegenden verloren. Sie kann sich unter solchen Umständen nur »in ihr Schicksal« ergeben und irgendwann aufgeben. Vielleicht schreit sie dann mit einer schweren Demenz, weil sie keine Worte mehr hat.

»besd
seltsam
diese unruhe
sonderbar
die Verkrampfung
störend
das ständige schreien!
ja was tätest denn du
ohne sprache
ohne blick
doch voll schmerz?«
j. aufgebauer (in Gerhard, 2011, S. 256)

Der Grad der Trauer hängt von der Resonanz und der empathischen Reaktion des Gegenübers ab. Die Trauer über die Verluste ist die natürliche Reaktion. Trauerbegleitung kann hier auch keine Wiederherstellung des Alten zum Ziel haben, sondern mitfühlendes Mitgehen; dadurch löst sich der Trauerstress. Oft werden Menschen mit Demenz, nachdem ihre Trauergefühle aufgenommen und im Resonanzraum gehalten wurden, wieder handlungsfähig und können das, was sie gerade tun, wieder selbstständiger tun.

Blick in die Praxis
Eine Dame sitzt abends auf ihrer Bettkante, um sich für die Nacht umzuziehen. Ihre Schwiegertochter ist bei ihr, um sie zu unterstützen.

Dame: »Und, was soll ich jetzt tun?«
Schwiegertochter: »Fang doch mit dem Pullover an. Ich nehme dir die Brille ab und dann kannst du den Pullover über den Kopf ziehen.«
Sie nimmt ihr die Brille vorsichtig von der Nase.
Dame: »Und jetzt, was soll ich jetzt tun?«
Schwiegertochter: »Schau mal, zieh mal an diesem Ärmel.«
Die Dame zieht an dem Ärmel und zieht den Arm aus dem Pullover. Das Gleiche macht sie mit dem anderen Arm. Dann zieht sie den Pullover über den Kopf.
Dame: »Und jetzt? Was soll ich jetzt machen? Ich weiß das alles nicht mehr. Das ist doch schrecklich!«
Sie fängt an zu weinen. Die Schwiegertochter setzt sich neben sie auf das Bett, legt ihren Arm um sie, drückt sie an sich.
Schwiegertochter: »Das kriegen wir beide schon hin. Wir haben doch immer alles hinbekommen oder nicht?«
Die Dame seufzt, lässt sich in die Umarmung fallen und sagt nach einer Weile: »Ja, das stimmt, aber (leise) das ist doch Scheiße!«
Die beiden sitzen noch eine Weile so, dann löst sich die Dame aus der Umarmung, zieht den BH aus und greift nach dem Nachthemd. Sie kleidet sie weiter selbstständig um. Als die Schwiegertochter ihr das Kopfkissen noch richtet, als sie im Bett liegt, schaut sie sie innig an und sagt: »Danke! Schlaf gut.«

5.3.2 Trauer, die durch die Pathologisierung und Medikalisierung ausgelöst wird

Das Stigma, psychisch krank zu sein und sich nicht in einem normalen Abbauprozess des Alters zu befinden, erfordert viel von den Betroffenen, die dies mit ihrem Selbstbild vereinen müssen (vgl. ausführlich van der Kooij, 2017, S. 28 ff.).

Als »Hauptrisikofaktor« für eine Demenz gilt das Alter. Das muss man einmal auf sich wirken lassen: Der normale Prozess des Alterns wird zum Krankheitsrisiko umgedeutet.

»Die Erkrankungszahlen steigen mit dem Lebensalter: Da immer mehr Menschen ein hohes Alter erreichen, wird die Zahl der Erkrankten künftig weiter ansteigen, wenn kein Heilmittel gefunden wird« (Deutsche Alzheimer Gesellschaft e. V., 2017).

Die Krankheitszuschreibung für einen natürlichen Prozess des menschlichen Lebens nennt man Medikalisierung. Es ist ein Prozess, in dem die Medizin die Grenzen ihrer Disziplin überschreitet und zunehmend eine ärztliche Zuständigkeit und Erforschung menschlicher Lebensbereiche übernimmt, die ursächlich nichts mit Krankheit zu tun haben, wie die Geburt und der Tod (vgl. Stolberg, 2011, S. 258 ff.).

Ausführlich dargestellt hat das Phänomen der Medikalisierung der katholische Theologe Ivan Illich (2007).

In Bezug auf die Demenzforschung hat Anthea Innes als Sozialwissenschaftlerin die Funktion der Medikalisierung der Demenz und somit die soziale Konstruktion von Demenz als Krankheit erläutert. Das gesellschaftliche Interesse, Phänomene einer Krankheit zuzuschreiben, besteht zum einen darin, eine Hoffnung auf Heilung zu erhalten, und zum anderen wird suggeriert, dass eine Möglichkeit der Kontrolle oder gar Wiederherstellung von abweichendem Verhalten besteht (Innes, 2014, S. 17 und 19). Abweichendes Verhalten entspricht nicht der Norm und führt so zum Ausschluss aus der sozialen Gemeinschaft, hinein in die Institutionalisierung von Demenz (Innes, 2014, S. 21). Durch die Medikalisierung der Demenz bekommt sie einen »Sinn« als Krankheit und man kann auf ein vertrautes Verhaltensmuster zurückgreifen, nämlich die medizinische und pharmakologische Forschung, die gesellschaftlich von solch hohem Ansehen ist, dass die Gesellschaft enorme finanzielle Ressourcen zur Verfügung stellt, selbst wenn sie über Jahrzehnte nicht die entsprechenden Ergebnisse liefert. Wie im »Kampf gegen den Krebs« führt die Medizin und Pharmakologie den »Kampf gegen Alzheimer-Demenz«.

Das Fatale ist: Diese »Kampfeslogik« haben sich die eigenen Interessenvereinigungen auch zu eigen gemacht, wie z. B. die Alzheimer-Gesellschaft. »Eine landesweite Alzheimer-Gesellschaft mit über sechzig Ortsgruppen hat die Vision einer ›Welt ohne Alzheimer‹. Alljährlich gehen Millionen Menschen auf die Straße und fordern Forschungsmittel, damit diese Vision Wirklichkeit wird« (Taylor, 2010, S. 40). In dieser Logik werden die betroffenen Menschen zu Opfern dieses »Krieges gegen die Krankheit«. Trauer wird ausgelöst durch das Stigma »unheilbar psychisch krank« zu sein, ohne jede Hoffnung. Aus alten Menschen, die ihre Kräfte verlieren, werden bedauernswerte Opfer.

5.3.3 Trauer durch Gewalterfahrung

Menschen mit Demenz erfahren vielfach psychische und auch physische Gewalt nach dem Stellen der Diagnose und in der Konfrontation mit ihrem Anderssein. Das mag zunächst recht harmlos erscheinen: »René stellt die Artikel der Reihe nach auf das Warenband, sucht in seinem Geldbeutel und gibt der Kassiererin einen Geldschein. Das Wechselgeld gibt sie nicht ihm, sondern mir. Immer häufiger passiert es, dass sich die Leute an seine Tochter wenden. Das verunsichert ihn« (Braam, 2007, S. 15). Mit welcher Selbstverständlichkeit wird in Gegenwart von Menschen mit Demenz über sie geredet?! Das ist diskriminierend und somit eine Form von Gewalt. »Oftmals werden Menschen mit Demenz gedemütigt und erniedrigt – wenn man sie etwa aus dem Gespräch ausschließt, wenn in ihrer Anwesenheit über sie gesprochen wird, wenn sie ignoriert werden, wenn man ihnen gegenüber behauptet, sie seien ein ›völlig anderer Mensch‹ geworden (und dies nicht positiv meint)« (Weissenberger-Leduc u. Weiberg, 2011, S. 185 f.).

Tom Kitwood beschreibt dieses Verhalten als eine »maligne, bösartige Sozialpsychologie. Das starke Wort ›maligne‹ [= bösartig, Anm. der Verfasserin] bedeutet etwas sehr Verletzendes und für ein pflegerisches Umfeld, das das Personsein tief schädigt und möglicherweise sogar das körperliche Wohlbefinden untergräbt, Typisches. [...] Der Begriff ›maligne‹ impliziert jedoch keine üblen Absichten seitens der Betreuenden; das meiste ihrer Arbeit wird auf freundliche Art und in guter Absicht getan« (Kitwood, 2008, S. 75). Kitwood hat eine Liste mit 17 verschiedenen Aspekten erstellt, die diese maligne, bösartige Sozialpsychologie beschreiben:

1. »Betrug (treachery) – Einsatz von Formen der Täuschung, um eine Person abzulenken, zu manipulieren oder zur Mitwirkung zu zwingen.
2. Zur Machtlosigkeit verurteilen (disempowerment) – jemandem nicht gestatten, vorhandene Fähigkeiten zu nutzen; die Unterstützung beim Abschluß begonnener Handlungen versagen.
3. Infantilisieren (infantilization) – jemanden sehr väterlich bzw. mütterlich autoritär behandeln, etwa wie ein unsensibler Elternteil dies mit einem sehr kleinen Kind tun würde.
4. Einschüchtern (intimidation) – durch Drohungen oder körperliche Gewalt bei jemandem Furcht hervorrufen.
5. Etikettieren (labelling) – Einsatz einer Kategorie wie Demenz oder ›organisch bedingte psychische Erkrankung‹ als Hauptgrundlage der Interaktion mit der Person und zur Erklärung ihres Verhaltens.
6. Stigmatisieren (stigmatization) – jemanden behandeln, als sei er ein verseuchtes Objekt, ein Alien oder Ausgestoßener.
7. Überholen (outpacing) – Informationen liefern, Alternativen zur Wahl stellen etc., jedoch für die betreffende Person zu schnell, um zu verstehen; der Betroffene gerät damit unter Druck, Dinge rascher zu tun, als er ertragen kann.
8. Entwerten (invalidation) – die subjektive Realität des Erlebens und vor allem die Gefühle einer Person nicht anerkennen.
9. Verbannen (banishment) – jemanden fortschicken oder körperlich bzw. seelisch ausschließen.

10. Zum Objekt erklären (objectivication) – jemanden behandeln, als sei er ein Klumpen toter Materie, der gestoßen, angehoben, gefüllt, aufgepumpt oder abgelassen werden kann, ohne wirklich auf die Tatsache Bezug zu nehmen, daß es sich um ein einfühlendes Wesen handelt. [...]
11. Ignorieren (ignoring) – in jemandes Anwesenheit einfach in einer Unterhaltung oder Handlung fortfahren, als sei der bzw. die Betreffende nicht vorhanden.
12. Zwang (imposition) – jemanden zu einer Handlung zwingen und dabei die Wünsche der betroffenen Person beiseiteschieben bzw. ihr Wahlmöglichkeiten verweigern.
13. Vorenthalten (withholding) – jemandem eine erbetene Information oder die Befriedigung eines erkennbaren Bedürfnisses verweigern.
14. Anklagen (accusation) – jemandem Handlungen oder deren Unterlassen, die sich aus einer fehlenden Fähigkeit oder einem Fehlinterpretieren der Situation ergeben, zum Vorwurf machen.
15. Unterbrechen (disruption) – plötzlich oder in störender Weise in die Handlung oder Überlegung von jemandem einbrechen; ein rohes Aufbrechen des Bezugsrahmens einer Person.
16. Lästern (mockery) – sich über die ›merkwürdigen‹ Handlungen oder Bemerkungen einer Person lustig machen; hänseln, erniedrigen, Witze auf Kosten einer anderen Person machen.
17. Herabwürdigen (disparagement) – jemandem sagen, er sei inkompetent, nutzlos, wertlos etc.; Botschaften vermitteln, die der Selbstachtung einer Person schaden« (Kitwood, 2008, S. 75 f.).

Eine wesentliche Erfahrung von Gewalt machen Betroffene, wenn ihnen ihr Personsein abgesprochen wird. Dies geschieht, wenn in der Demenzliteratur gesagt wird, Menschen mit Demenz verlören ihr Ich, wüssten nicht mehr, wer sie seien, oder seien nur noch körperlich anwesend. Solche Äußerungen sind zu Klischees geworden, die sich leider noch im gesellschaftlichen Bild von Demenz verfestigen.

An der Tagesordnung ist ein weiteres Verhalten Menschen mit Demenz gegenüber, das die Betroffenen und die Begleitenden beschädigt und damit die so wichtige Vertrauensbeziehung, die beide brauchen: »Menschen belügen Demenzkranke die ganze Zeit, sie erzählen ihnen kleine Unwahrheiten. Sie nennen es Halbwahrheiten oder Notlügen, aber es bleiben Lügen! Wie zum Beispiel: ›Beeilen Sie sich und ziehen Sie sich an, Ihr Sohn kommt zu Besuch.‹ Nun, sie wissen, ich werde vergessen, dass sie das gesagt haben. Aber dadurch werde ich mich rascher anziehen. Da sind all diese kleinen Lügen, die ausgesprochen werden, um das Verhalten von Menschen mit einer Demenz zu manipulieren. [...] Jede Person mit Demenz weiß, dass Menschen sie anlügen. Die anderen sagen, sie seien paranoid und möglicherweise sind wir es, weil wir Menschen bei kleinen Lügen ertappt haben. Wir denken dann: ›Wer es einmal getan hat, wird es auch nochmals tun.‹« (Taylor, 2010, S. 230 f.). Lügen vergiften die Beziehung. Immer wenn jemand meint, er benötigte eine Lüge, um aus einer Situation herauszukommen, fehlen Mut, Phantasie oder Zeit. Man macht sich das Handicap des dementierenden Menschen zunutze, um einer herausfordernden Situation auszuweichen.

Die Begleitung von Menschen mit Demenz kann sehr fordernd sein. Zu Hause kommt man an seine Belastungsgrenzen und dann werden die Nerven dünn. In Pflegeeinrichtungen müssen mit zwei Personen vielleicht 24 Bewohner/-innen versorgt werden und man hat keine Zeit, sich auf die Themen und Rhythmen der einzelnen Personen einzustellen. Die Strukturen sind rigide und letztlich stärker. Der Druck kommt von oben (Leitung), von der Seite (Kollegen/Kolleginnen) und von »unten«, von den Bewohnern/Bewohnerinnen. Verständlich ist es allzumal, dass Betreuende dann einen »Notausgang« suchen und zur Lüge greifen. Für ihre Integrität wäre es jedoch hilfreicher, sich die eigene Not in der Situation einzugestehen. Dann kann man dem/der Bewohner/-in sagen, dass es einem leid tut, aber dass man jetzt nicht so viel Zeit hat.

In den Situationen, in denen man zur Lüge greift, könnte man sich in der Regel auch mit dem Menschen mit Demenz verbünden und die Bewältigung der Situation zur gemeinsamen Sache machen. Statt belogen zu werden, erfährt ein Mensch mit Demenz, dass es auch auf ihn ankommt, damit das Zusammenleben gelingt, und erfährt somit Würdigung. Das Thema der Lüge wird im folgenden Abschnitt weiter berührt.

Die traumatisierenden Folgen der körperlichen und medikamentösen Fixierung von Menschen mit Demenz sollen in diesem Zusammenhang als wesentlich benannt werden, da bis zu 75 Prozent der Dementierenden in klinischen Kontexten Psychopharmaka erhalten – sogenanntes »herausforderndes Verhalten« soll damit kontrolliert werden (vgl. Jacobs et al., 2017).

5.3.4 Trauer durch erzwungene Wechsel des Wohnumfeldes

Wenn ein Mensch mit Demenz nicht mehr allein leben kann, kommt es häufig zu einem Wohnungswechsel. Meist bahnt sich diese Situation an und wenige vermögen es, diesen Schritt in die Hand zu nehmen, solange es noch selbstständig geht. Eine klassische Situation ist, dass jemand krank wird, vielleicht durch einen Sturz ein Krankenhausaufenthalt notwendig wird und ein alter Mensch nicht mehr die körperlichen und psychischen Kräfte hat, um diese Situation zu bewältigen. Es kommt oft zu körperlichen Komplikationen durch Infekte oder schlechtere Wundheilung und psychisch nimmt die Verwirrtheit plötzlich enorm zu. Verursacht wird dies zum großen Teil durch eine unbekannte Umgebung mit wechselnden fremden Menschen und einer eher beziehungstechnischen Kommunikation. Menschen mit Demenz sind in heutigen Krankenhäusern »ein Problem«. Es fehlen das Zusammenspiel (Compliance) mit den Behandelnden, die Selbstständigkeit beim Essen und Einnehmen von Medikamenten und die Einsicht, zu warten oder nachts im Bett zu bleiben und die anderen nicht zu stören. Es »helfen« sedierende Medikamente. Sie helfen dem System, aber nicht dem Menschen. In diesem Setting werden Diagnosen gestellt und scheinbar objektive Aussagen über den geistigen Zustand und die Ressourcen eines dementierenden Menschen getroffen – in einer Situation, in der er instabiler nicht sein kann. Es ist schwer für einen Menschen mit Demenz, sich unter solchen Bedingungen zu erholen. Es kommt häufig übergangsweise zu einem Aufenthalt in einer Kurzzeitpflege. Eine große Auswahl hat man nicht, weil die Plätze rar sind und der Tag der Entlassung feststeht. Eine neue fremde Umgebung, fremde Menschen und gegebenenfalls ein Bett im Doppelzimmer für einige Wochen sind die Folge. Die Angehörigen befinden sich unter Hochdruck, denn nach Hause kann er oder sie nicht mehr. Lässt sich eine für alle gute häusliche Pflegesituation gestalten oder muss ein Platz in einer Dauerpflegeeinrichtung gefunden werden? Weitreichende Entscheidungen, die auch ökonomisch zu tragen sind, stehen an. Entspannt ist in dieser Zeit nichts – und somit gibt es keine gute Voraussetzung, dass ein dementierender Mensch seine Kräfte wiedergewinnt.

Es kommt dann häufig zu einem Umzug in »irgendein« Heim, das gerade einen Platz anbieten kann. Der Mensch mit Demenz ist in dem ganzen Prozedere das Problem und das wird er oder sie spüren. Angehörige und Mediziner/-innen reden dann schnell auf die Menschen mit Demenz ein, dass es nun zu Hause nicht mehr gehen kann und keine Alternative besteht. Diese Situationen sind potenziell traumatisch für den alten betroffenen Menschen – eine akute Situation der Trauer, die als solche wenig bedacht und beachtet wird. Trauerbegleitung wäre hier ein Kern des Beziehungsgeschehens. Viele Betroffenen sehen ihre Wohnung nicht wieder, andere lösen die Wohnung auf und entscheiden, welche persönlichen Gegenstände mit ins Heim kommen.

Wer in unserer Gesellschaft muss auf diese Weise einen Umzug hinnehmen? Wer macht sich Gedanken darüber, was es bedeutet, wenn man auf der Warteliste eines Pflegeheimes steht, dort ein Platz frei wird und der Anruf kommt:

»Möchten Sie das Zimmer nehmen? Dann können Sie übermorgen einziehen.« Mit dieser unbeachteten und aberkannten Trauer müssen viele alten Menschen klarkommen. Wie soll das gelingen? »Die eigentliche ultimative Lüge, die diesen Menschen im Altenheim erzählt wurde, ist: ›Wir werden in diesem Heim nur ein bis zwei Tagen bleiben, damit du untersucht wirst und damit du schauen kannst, ob du es magst.‹ Eine alte Dame in Michigan erzählte mir, dass es ihr bewusst geworden sein, dass sie diesen Ort nicht mehr verlassen werde, als ihr Sohn mit einer großen Kiste mit all ihren Kleidern ins Heim gekommen sei. Sie sagte zu mir: ›Richard, ich vergesse eine Menge, aber jeden Morgen, an dem ich aufwache, denke ich daran, weil es so eine schreckliche Sache war, die meine Kinder mir angetan haben.‹« (Taylor, 2010, S. 231).

Lässt sich die Pflege zu Hause realisieren, benötigen die Angehörigen ihre Auszeiten, um in dieser fordernden Zeit gesund zu bleiben. Der alte dementierende Mensch wir in dieser Zeit in die Kurzzeitpflege gebracht und dort versorgt. Es ist gut, dass es diese Möglichkeit zur Entlastung der Angehörigen gibt und sie auch von den Pflegekassen mitfinanziert wird. Für den alten Menschen ist es jedoch gegebenenfalls eine Zumutung. Zunehmend mehr Kurzzeitpflegeangebote führen den Namen »Hotel auf Zeit« in ihren Infobroschüren. Angehörige und die Mitarbeitenden nehmen dies auf und verdrehen damit die Realität und gegebenenfalls das Empfinden des geschwächten alten Menschen. Kurzzeitpflege ist kein Hotel. Sie ist pflege- und versorgungsorientiert und nicht serviceorientiert im Sinne der Hotellerie. Der alte Mensch ist in der Regel nicht freiwillig dort und hat »das Hotel« nicht »für seinen Urlaub gebucht«, sondern ist da, damit die Angehörigen Urlaub machen können.

Unter dem Blick der Trauer wäre es hilfreich, wenn die Dinge benannt werden, wie sie sind, und wenn Angehörige den Mut finden, mit ihrem alten Menschen zu verhandeln, dass sie Erholung brauchen, um die Pflege so leisten zu können, und dass dies zum »Deal« gehören muss. Dann kann der alte Mensch dies richtig einordnen und es auf Augenhöhe seinen Fürsorgenden »schenken«. Trauerarbeit fängt im täglichen Aushandeln der neuen Lebensbedingungen an. Beide, pflegende Angehörige und dementierende alte Menschen, sind Partner/-innen der Pflegesituation. Sie können ehrlich zueinander sein und damit die Trauer des Einen und das schlechte Gewissen der Anderen mildern oder gar verhindern. Ein Mensch auch mit schwerer Demenz ist dazu in der Lage, diese Haltung verbal oder nonverbal zu verstehen.

5.3.5 Trauer bei Demenz: unerkannt und infolge traumatisch

Das Thema Trauer taucht in der kompletten Demenzliteratur nur marginal auf. Die Trauer der Angehörigen wird dabei eher wahrgenommen als die Trauer der dementierenden Menschen. Eine subtile Folge davon ist, dass sie als Personen nicht mehr wahrgenommen werden. Die oben beschriebenen Faktoren sind alles Lebensumstände, die Trauer auslösen. Die Trauer von Menschen mit Demenz wird bisher nicht erkannt und daher nicht thematisiert. Dies ist eine Steigerung der Form der aberkannten Trauer (vgl. Doka, 1989, 2002).

98 Was ist Trauerbegleitung bei Menschen mit Demenz?

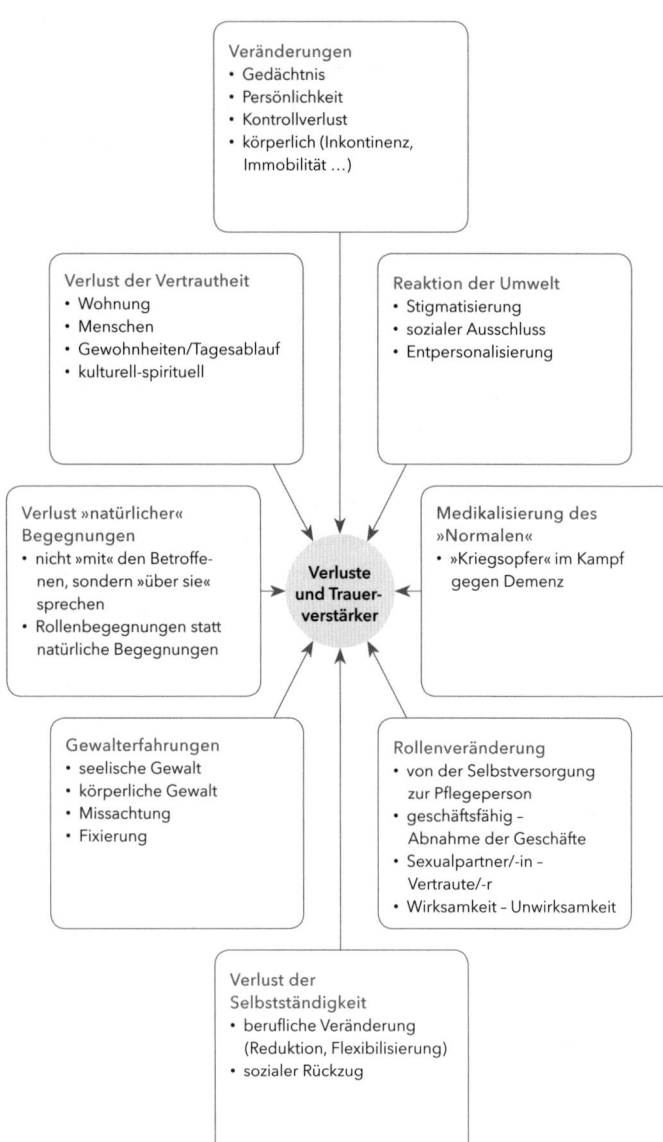

Abbildung 2: Trauerauslöser für Menschen mit Demenz

Die Überforderung der Angehörigen durch die Diagnose Demenz, ihre eigene Angst vor den Folgen und die Konfrontation damit begünstigen, dass der Blick auf die Trauer der Menschen mit Demenz verdeckt wird. Aus eigener Betroffenheit heraus vermögen sie es nicht, einfühlsam, abwartend und abwägend damit umzugehen. Dadurch verengt sich oft der Handlungsansatz der Angehörigen, es besteht – scheinbar – keine Alternative und der Blick auf die Trauer wird verstellt.

Der Prozess der unerkannten Trauer bei Demenz kann von folgende Kriterien geprägt sein:
1. Die Person wird abgewertet.
2. Der Verlust wird nicht als Verlust erkannt.
3. Die Trauerreaktion wird als Krankheitsäußerung bewertet (dementierendes Verhalten).
4. Der persönliche Trauerstil wird pathologisiert (Depression, Aggression).
5. Der Tod wird als (lang überfällige) Erlösung bewertet.
6. Die Trauer der Angehörigen wird aberkannt.

Wird die Trauer von Menschen mit Demenz nicht wahrgenommen, wird sie aberkannt im Sinne von Kenneth J. Doka, der als Geriater auch mit Menschen mit Demenz arbeitet. In seinem Artikel »Grief, multiple loss and dementia« (Doka, 2010) thematisiert er die Trauer von Menschen mit Demenz, ihren Angehörigen und Pflegenden. Er meint, dass Trauer eine ständige Begleiterin von Demenz sei. Die Betroffen mit einer leichten Demenz realisieren die Verluste und können sie benennen. Ist eine Demenz weiter fortgeschritten, kann man verändertes Verhalten wie Schreien und Unruhe als Traueräußerung vermuten (Doka, 2010, S. 15 f.).

Er repetiert Stereotypen über die Demenzerfahrung, spricht vom psychologischen Tod der Dementierenden und zitiert eine Aussage von 1966 wie folgt: »Nicht nur, dass er nicht weiß, wer er ist – er weiß nicht, dass er ist« (Doka, 2010, S. 16, übersetzt von

C. Birkholz). So spricht auch er Menschen mit Demenz ihr Personsein ab. Bei seinen Ausführungen zur Angehörigentrauer sagt er, dass Ehegatten nur noch im Wort verheiratet seien, aber nicht mehr real; er spricht von »Krypto-Witwen« (Doka, 2010, S. 17).

Zudem interpretiert er Trauererfahrungen bei Menschen mit Demenz aus der Perspektive der Angehörigen. So sagte er, dass Menschen mit Demenz andere Personen nicht mehr erkennen als die, die sie seien, und sie deshalb als solche auch nicht mehr beschreiben können. Er nennt das Beispiel einer Dame, die ein inniges Verhältnis zu ihrer Schwiegertochter hatte und jetzt nur noch sagen konnte, sie sei die Frau ihres Sohnes. Die Schwiegertochter habe das verletzt. Vielleicht hat die Situation in der Dame Trauer ausgelöst, weil sie den Erwartungen der Umgebung, das »richtige« Wort zu sagen, nicht entsprechen konnte. Sie wusste, dass die Frau die Frau ihres Sohnes war, und somit hat sie sie zuordnen können. Die Trauer, die Doka hier beschreibt gehört zur Trauer der Angehörigen. Die Dame war mit ihrer Schwiegertochter verbunden und erkannte sie als die, die sie war, so dass ich hier keine Trauer bei der dementierenden Dame sehen kann. Vielmehr ist es ein Beispiel für die Bedeutung der personzentrierten Sichtweise, wie sie auch Marina Kojer vertritt. »Nur wenn es glückt, mit den Betroffenen auf der Gefühlsebene zu kommunizieren, bleiben die beiden Menschen auch weiterhin über den tiefen Strom des Gefühls, das keine Namen braucht, miteinander verbunden« (Kojer, 2014, S. 37 f.).

Meine zentrale These lautet: Bleibt die Trauer von Menschen mit Demenz unerkannt und werden ihre möglichen Trauerreaktionen pathologisiert, entwickelt sich aus einer erschwerten Trauer eine traumatische Trauer, die Menschen mit Demenz weiter und schneller in das dementierende Erleben flüchten lässt.

Umgekehrt gilt: Werden Menschen mit Demenz in ihrer Trauer und in den oft verdeckten Trauerreaktionen ernst genommen und findet man darauf eine kommunikative Antwort, weckt man die Ressourcen der Betroffenen und der Verlauf der Demenz ist ein lebenszugewandter.

Es geht also darum, die Trauer der Dementierenden zu erkennen und Wege zu ebnen, wie sie reflektiert und – vielleicht – bewältigt werden kann. In jedem Fall gilt es, die Traumatisierung zu verhindern.

Die Gründe für erschwerte Trauer bei Demenz lassen sich gliedern in:

1. *Personenbezogene Gründe:*
   a) Menschen mit Demenz sind der Konfrontation mit ihren Verlusten durch ein beschädigtes Kurzzeitgedächtnis immer wieder ausgesetzt. Es ist jedes Mal wie das erste Mal.
   b) Ihnen gehen die kognitiven Bewältigungsstrategien verloren und sie stehen quasi »nur auf einem Bein«, indem sie den Verlust »nur« emotional verarbeiten können und besonders notwendig Copingstrategien benötigen, wie »Schuldzuweisungen«, leugnen, verdrängen. Es ist für sie schwerer, die erste Traueraufgabe nach Worden (2018) zu bewältigen.
   c) Zu alten, oft verdrängten Trauergefühlen gehören auch verdrängte Traumatisierungen, die die Menschen der Kriegs- und Nachkriegsgeneration vielfältig betreffen.
2. *Soziale Gründe:*
   a) Bezugspersonen sind oft mit der immer wiederkehrenden »neuen« Konfrontation überfordert. Sie haben schon mehrfach auf den Verlust reagiert, aber das Erschrecken ist immer wieder neu. Es ist herausfordernd, den Prozess zu verstehen, geduldig zu sein und mit immer wieder neuer Empathie zu reagieren.
   b) Sind Bezugspersonen selbst von einem Verlust betroffen, wie z. B. dem Tod einer gemeinsamen Angehörigen, kann es an Kraft fehlen, die eigenen Gefühle zu versor-

gen und gleichzeitig empathisch mit der dementierenden Person zu sein.
c) Kann die Person mit Demenz den Verlust überhaupt begreifen? Angehörige können dazu neigen, den Trauerschmerz abzusprechen, da er durch die Pathologisierung dementierenden Erlebens Menschen abgesprochen wird oder sie die Reaktion des Gegenübers nicht einschätzen können. Dementierendes Verhalten ist verunsichernd, wechselvoll und voller Überraschungen.
d) Die vielfältigen unachtsamen bis gewalttätigen Reaktionen auf Menschen mit Demenz und ihre Angehörigen erschweren die Verarbeitung ihrer Verluste und können eine Traumatisierung durch den gesamten Demenzkontext an sich auslösen.

3. *Gesellschaftliche Gründe:*
   a) Die Stigmatisierung der Demenz als »diese schreckliche Krankheit«, die ein einziges langes Abschiednehmen sei, erschwert Trauer. In dieser Perspektive ist das Licht am Ende des Trauertunnels allein der Tod.
   b) Menschen mit Demenz und ihre An- und Zugehörigen werden von der Hospizbewegung mit ihrem Auftrag zur Trauerbegleitung nicht ausreichend wahrgenommen.
   c) Die Begleitung der pflegenden Angehörigen wird nicht als gesellschaftliche Aufgabe wahrgenommen, sondern bleibt eine Privatsache.

5.4 Die Praxis der Trauerbegleitung bei Menschen mit Demenz

»Feil: Wichtig ist zum Beispiel, die Menschen nicht zu korrigieren. Wir dürfen nicht von außen urteilen, sondern wir müssen uns in die Welt der Dementen begeben. Wenn jemand sagt, dass er sterben will, sollte man das nicht ignorieren und hoffen, dass er es schon wieder vergessen wird. Man sollte besser zurückfragen: ›Sie wollen nicht mehr leben?‹ Statt die Menschen abzulenken, fragt man sie nach den schlimmsten oder schönsten Dingen im Leben.

SPIEGEL ONLINE: Verunsichert das nicht unnötig?

Feil: Wenn schmerzhafte Gefühle ausgedrückt, akzeptiert und durch einen vertrauensvollen Zuhörer validiert, also für gültig erklärt werden, dann nehmen sie ab. Gefühle hingegen, die man ignoriert und unterdrückt, werden stärker.

SPIEGEL ONLINE: Im Alltag ist es für Pfleger sehr schwer, für jeden Dementen so viel Zeit und Geduld aufzubringen. In vielen Seniorenheimen in Deutschland herrscht eher der Grundsatz ›satt und sauber‹.

Feil: So ist es leider. Schon mein Vater, ein Psychologe, hatte verstanden, dass verwirrte Menschen mehr Personal brauchen und dass man ihnen zuhören und sie analysieren muss. Eine Frau in seinem Altersheim sagte immer, dass ein fremder Mann in ihrem Zimmer sei. Sie war früher missbraucht worden, hatte diese Emotionen aber nie herausgelassen. Die einen sagen: Diese Frau hat Wahnvorstellungen, sie braucht Medizin. Die Validation sagt: Diese Frau muss ihre Gefühle loswerden, damit sie in Ruhe leben und sterben kann« (Feil u. Bollwahn, 2017).

Trauerbegleitung bei Menschen mit Demenz erfordert emotionale Kompetenz. Man muss sich einlassen, mitschwingen und dem dementierenden Menschen folgen. Personen mit einer Demenz sind sehr offen und dankbar für einen Menschen, der sie »berührt«.

Die Trauer von Menschen mit Demenz spielt in Familien und Pflegeeinrichtungen eine große Rolle. Dieses Kapitel möchte den Blick auf die vielen Facetten der »unerkannten Trauer« von Menschen mit Demenz legen, ebenso wie auf die persönlichen

und sozialen Aspekte der Angehörigentrauer. Exemplarisch werden typische Situationen entfaltet, in denen Trauer als Thema in der Praxis sichtbar wird und drängende Fragen gestellt werden wie z. B.:
- Wie geht man mit der immer wiederkehrenden Trauer um, wenn ein Mensch mit Demenz nach jemandem fragt, der tot ist?
- Soll man mit einem dementierenden Menschen alte Orte seiner Geschichte aufsuchen oder macht ihn oder sie das nicht noch trauriger?
- Soll man ihr oder ihm sagen, dass man die Wohnung aufgelöst hat und er oder sie nun dauerhaft im Pflegeheim sein wird?
- Soll man einem Menschen mit Demenz vom Tod eines nahen Angehörigen erzählen und ihn mit in die Abschiedsrituale der Familie einbeziehen?

Trauerbegleitung als Resonanzgeschehen stellt sich auf die Kommunikationswege des Gegenübers ein. Die Kommunikation verändert sich im Laufe einer Demenz und so sollen im Folgenden die Spezifika mit Beispielen genannt werden, die für verschiedene dementierende Ausdrucksformen gelten können.

Blick in die Praxis

Ein Hausarzt kommt zum Hausbesuch zu einer Patientin mit Demenz, deren ärztliche Begleitung er neu übernommen hat. Er ist sehr offen und zugewandt, geht gut in den Kontakt und erklärt ihr viel. Er spricht überwiegend mit der Patientin selbst und nicht mit dem Sohn, der dabei ist. Sein Verhalten ist wohltuend und wertschätzend. An einer Stelle schaltet sich der Sohn ein und berichtet von den Schlafstörungen der Mutter. Er bespräche gern mit dem Arzt medikamentöse Unterstützungsmöglichkeiten, da die Nächte für alle so auf Dauer nicht zu ertragen seien ohne eine spezielle Nachtwache, die aber nicht bezahlt werden könne. Er hat ein Babyphon in seinem Schlafzimmer und steht mehrmals in der Nacht auf, um die Mutter wieder ins Bett zu legen und zum Schlafen zu bringen. Sie ist bereits zwei Mal nachts gestützt und sitzt oft stundenlang ohne Decke auf der Bettkante. Der Arzt schaut ihn an und sagt: »Ja, das ist die Krankheit, da gehört eine Verschiebung des Tag-Nacht-Rhythmus dazu.« Der Sohn wendet ein, dass er das nicht glaubt, da die Mutter diese Schlafstörungen schon seit Jahrzehnten habe, aber früher sich nachts selber beschäftigte und das nun nicht mehr steuern könne. Der Arzt steht langsam auf und sagt im Abschied: »Ja, das ist die Krankheit.«

Es hat noch zwei Arztbesuche und eine nächtliche Verletzung gedauert, bis der Hausarzt mit der Familie überlegte, wie die Patientin in den Nächten mehr Schlaf bekommen könnte. Die nächtliche Sicherheit erhöhte sich für die Dame durch ein leichtes Schlafmittel und den privaten Kauf eines Pflegebettes, da die Krankenkasse ein Bett mit geteilten Seitenteilen nicht zur Verfügung stellen wollte. Die Mutter steht nun nachts in der Regel einmal auf, um auf den Toilettenstuhl zu gehen, der ihrem Bett direkt gegenübersteht, und kann sich festhalten. Auch wenn sie auf der Bettkante sitzt, hat sie durch das neue Bett Halt. Die Nächte sind für alle ruhiger geworden, die Dame ist tagsüber nicht mehr so schläfrig und der Sohn ausgeruhter.

An diesem Beispiel kann gezeigt werden, dass die Klischees, die über Demenz im Umlauf sind, den genauen Blick verhindern. In der Praxis geschieht es immer wieder, dass mit einem »Das-ist-die-Krankheit« die Phantasie und die Lösungssuche aufhören, anstatt zu beginnen. In diesem Beispiel war die Familie überzeugt, dass die Schlaflosigkeit nichts mit der Demenz ursächlich zu tun hat, diese aber die Eigenregie und den Selbstschutz der Dame beeinträchtigt, und genau dafür brauchte es eine Lösung, um den Schlaf von allen zu sichern und Verletzungen zu vermeiden.

Wie viele alte Menschen werden in Pflegeeinrichtungen abends um 19 Uhr zu Bett gebracht, weil man sich an strukturellen Arbeitsabläufen orientiert und nicht an den Gewohnheiten und Bedürfnissen der Menschen? Welche Verschiebung des Tag-Nacht-Rhythmus ist auf eine organisch bedingte Desorientierung zurückzuführen und welche auf die soziale Desorientierung, die durch das Umfeld verursacht wird?

Ein guter Weg für einen Menschen mit Demenz und seine/ihre Angehörigen bedarf immer einer Abwägung. Die scheinbare äußere Sicherheit (er/sie ist zu sturzgefährdet, um allein zu sein) verstärkt die soziale Desorientierung. Es geht um die Abwägung von Alternativen: Wie viel Betreuung ist notwendig und wie viel Selbstbestimmung ist möglich, um die Wirkung der sozialen Desorientierung gering zu halten? Eine Lösung mit – scheinbar – maximalem Schutz (Pflegeheim) birgt die Gefahr, den Verlauf der Demenz zu forcieren.

Man muss sich darüber im Klaren sein, dass einschneidende Veränderungen im Lebensgefüge Trauer auslösen. Trauerbegleitung für einen Menschen mit Demenz heißt dann, die Trauergefühle wahrzunehmen und auszudrücken durch Worte oder Berührungen. In der Trauerbegleitung ergeben sich dadurch zwei Besonderheiten, die an zwei Beispielen deutlich werden sollen:

5.4.1 Sprache finden in der Balance von Gestern und Heute

Blick in die Praxis

Ich besuche Frau M. am Abend im Pflegeheim und sitze mit ihr in ihrem Zimmer. Sie sieht traurig aus. Ich frage sie, ob sie etwas traurig macht, und sie erzählt, dass sie überlegt, in ihre Heimatstadt zurückzugehen. Sie sei hier einsam. Alle seien ganz nett, aber doch anders. Ihre Heimatstadt sei lebendiger und dort seien ihre Mutter und ihr Bruder. Sie überlege schon länger, zurückzugehen, denn hier sei sie allein. Ich höre Frau M. zu und es laufen zwei innere Dialoge in mir ab, ich höre quasi mit zwei Ohren:

»Ohr eins« hört: Sie ist einsam und es fehlen ihr vertraute Menschen. Bis vor Kurzem kam ihre Freundin aus dem Zimmer gegenüber abends zu ihr und die beiden haben gemeinsam ferngesehen. Nach einem Sturz ist die Freundin jedoch auf einen Pflegerollstuhl angewiesen und kann nicht mehr selbstständig zu ihr kommen. Zudem wird ihre Freundin von den Pflegenden des Spätdienstes meist schon gegen 19 Uhr zu Bett gebracht. Frau M. ist nun abends vermehrt allein und möchte in ihre Heimatstadt zu ihrer Familie zurückkehren. Sie sehnt sich nach Vertrautheit und Zugehörigkeit. Hier im Pflegheim gibt es abends keine Angebote. Sie ist zu fit, um bereits um 19 Uhr ins Bett zu gehen. Sie ist zu Recht einsam. Gut, dass sie gern fernsieht und diese Ablenkung am Abend hat.

»Ohr zwei« hört: Sie ist einsam und möchte in ihre Heimatstadt zurück, aber dort war sie nach dem Tod ihres Lebenspartners jahrelang allein und vereinsamte in der Wohnung, bis sie eine leichte Demenz zeigte und sich nicht mehr selbst versorgen konnte. Ihre Mutter und ihr Bruder sind schon lange tot. Da ist niemand mehr. Sie müsste dort ebenso in einem Pflegeheim leben und ob sich dort neue Vertraute finden, ist auch fraglich.

Nach dem Hören mit »Ohr eins« könnte ich wie folgt reagieren: Ich höre empathisch ihre Traurigkeit und Einsamkeit und gebe ihr Recht in all dem, was sie hier vermisst. Ich frage sie, was sie sich anders wünschte. »Ohr zwei« könnte mich zu dieser Reaktion veranlassen: Ich sage ihr mit mitfühlender und empathischer Stimme, dass sie doch zuletzt ganz allein in ihrer Wohnung gewesen sei; dass wir sie in unsere Stadt geholt hätten, weil in ihrer Heimatstadt niemand mehr da sei. Auch ihre Mutter und ihr Bruder seien schon seit Jahren tot. Sie habe ja ein Foto vom Grab der beiden. Beide Reaktionen sind denkbar und möglich und zeigen die Spannung, unter die Begleitende geraten können, wenn sie sich auf das Erleben von Menschen mit Demenz einlassen. Das Leben kann in seiner Fülle präsent sein. Die Erinnerung an Mutter, Bruder und die Heimatstadt können zum Greifen nah sein; sie werden im Hier und Jetzt erlebt und sind Realität für einen Menschen mit Demenz.

Am ersten Abend unserer Gespräche über ihre Einsamkeit folgte ich »Ohr eins«. Ich bestätigte ihr Empfinden der Einsamkeit und fragte sie, was sie sich wünschte. Sie meinte, sie wäre gern mit Menschen zusammen, die so seien wie ich. Hier seien alle sehr nett, aber das sei etwas anderes. Ich vermutete, dass sie meine Natürlichkeit in unserer Begegnung meinte. Ich empfand mich wie eine Freundin und sprach mit ihr wie eine Freundin. Das war eine Alltagsbeziehung, die sie so den ganzen Tag nicht hatte und mit mir nur einmal in der Woche. Das war zu wenig.

Das Gespräch über ihre Einsamkeit kam immer wieder auf, wenn ich sie abends in ihrem Zimmer besuchte. An einem anderen Abend folgte ich den Impulsen von »Ohr zwei« und schaute, ob sie wieder stärker in unsere gemeinsame Realität kam und sich erinnerte, dass ihre Mutter und ihr Bruder tot waren. Dass sie hier lebte, weil in ihrer Heimatstadt niemand mehr da war.

Auf einfühlsame Weise kann dies durchaus eine Möglichkeit der Trauerbegleitung sein. Der Fokus liegt dann jedoch eher auf der Trauer um all ihre Lieben, die sie an den Tod verloren hat.

Die konkrete Trauerbegleitung gibt den Begleitenden sehr viel Spielraum, um ihre situative Reaktion zu entscheiden. Es ist wichtig, sich intuitiv leiten zu lassen und im echten Kontakt zu sein, sowohl mit sich selbst als auch mit der dementierenden Person. Jedes »Vorspielen« wird entlarvt von der dementierenden Person, die feine emotionale Antennen hat. Je nach Persönlichkeit wird die Störung offen benannt: »Du willst mich abschieben!« oder es kommt zum Rückzug, indem die Person z. B. die Augen schließt oder »wie woanders hin« schaut.

Richard Taylor, der seine Erfahrungen mit der Diagnose Alzheimer sehr vielfältig reflektiert und beschrieben hat, schätzt die Arbeit, die Naomi Feil mit ihrer Methode der Validation entwickelt hat, da sie für die Wertschätzung der Gefühle und für ein bedingungsloses Ernstnehmen von Menschen mit Demenz eintritt. Ihre Methode hat in der Praxis jedoch auch dazu geführt, dass Betroffene »nur noch validiert« werden, d. h., man versteht ihre Äußerungen symbolisch oder aus einer anderer Zeit heraus. Wenn dem so ist, wird ein dementierender Mensch unter Umständen nicht ernst genommen. »Feil leistete vor Jahren einen wichtigen Beitrag, als sie sagte: ›Man muss die Gefühle von Menschen mit einer Demenz wertschätzen‹, ganz gleich, ob sie den Tatsachen entsprachen oder nicht. Jedermanns Gefühle sind echt, sind nicht falsch, sie entsprechen der Art und Weise, wie ich fühle. […] Das war ein großer Fortschritt, für den Feil sorgte, aber mittlerweile hat man damit übertrieben. Den Menschen wird nicht mehr die Wahrheit, die Gegenwart präsentiert« (Taylor, 2010, S. 231). Richard Taylor sagt damit, dass dementierendes Verhalten von der Umgebung verstärkt werden kann, wenn man die »Realität« validierend außen vor lässt.

Eine zusätzliche Gefahr, aus der Realität herausgenommen zu werden, besteht, wenn jemand in die »fremde Welt Pflegeheim« (Koch-Straube, 1997) zieht, die eine künstliche Welt ist. In Institutionen haben Menschen mit Demenz vielfach nur »professionelle Beziehungen«, d. h., Menschen begegnen ihnen aus ihren Rollen heraus und haben die Sprachintonation ihrer Rolle, die anders ist als die persönliche und private Ansprache, die dem privaten Du der Person begegnet und nicht der Patientin/dem Patienten, dem/der Bewohner/-in, dem Gemeindemitglied. Ihr Label ist tragend in der Ansprache und der Beziehung und dies kann Trauer auslösen um den Rollenverlust als Freundin, Tochter, Mutter, Bruder, Arbeitskollege etc.

Tipp
Schauen Sie sich den Film »Der Tag, der in der Handtasche verschwand« von Marion Kainz an (z. B. über YouTube). Sie begleitet Frau Mauerhoff ein Jahr lang in einem Pflegeheim. Der Film ist ein Lehrstück, wenn man von einer Betroffenen lernen will, was es heißt, sich dementierend zu erleben. Frau Mauerhoff findet keine Verankerung in dem Pflegeheim und »vagabundiert« durch ihre Tage auf der Suche nach Kontakt und Unterstützung. Sehen Sie den Film einmal mit dem Blick auf Traueräußerungen.

In einer Szene kommt eine Pflegerin in das neue Einzelzimmer von Frau Mauerhoff. Diese setzt sich an einen Tisch, die Pflegerin bleibt stehen. Es entspinnt sich folgender Dialog:
Pflegerin: »Soll ich mal das Licht ein bisschen anmachen?«
Frau Mauerhoff: »Is nich nötig. Ich weiß, wie es aussieht. Braucht nicht verschönert werden mit Licht.«
Pflegerin: »Naja, das ist ja auch ganz schön das Zimmer, gemütlich, hm?«
Frau Mauerhoff: »Gemütlich, das sagen Sie!«
Die Pflegerin setzt sich zu ihr: »Es ist schön warm, es ist gemütlich, es ist ein Teppich drin und ein bequemer Sessel. Was fehlt Ihnen denn hier?«
Frau Mauerhoff: »Alles! Liebe!«
Pflegerin: »Hh, wenn Sie alleine in Ihrer Wohnung in der Gustav-Adolf-Straße sind, haben Sie auch keine Liebe. Da haben Sie hier mehr Liebe.«
Frau Mauerhoff: »Oh doch.«
Pflegerin.: »Von wem denn?«
Frau Mauerhoff: »Was habe ich, was hab ich hier?«
Pflegerin: »Sie haben doch alleine gelebt da, ne?«
Frau Mauerhoff: »Alleine?«
Pflegerin: »In der Gustav-Adolf-Straße waren Sie alleine, glaub ich.«

Frau Mauerhoff: »Nee, ich hab wohl da gewohnt, aber alleine war ich nie!«
Pflegerin: »Wer war denn da bei Ihnen?«
Frau Mauerhoff: »Hier bin alleine!«
Pflegerin: »Wer war denn da bei Ihnen?«
Frau Mauerhoff: »Viele!«
Pflegerin: »Aber hier sind ...« (wird unterbrochen von Frau Mauerhoff)
Frau Mauerhoff: »Sie machen mich hier verrückt! Sind Sie verrückt?«
Pflegerin: »Dat weiß ich nicht.«
Frau Mauerhoff: »Eben, das möchte ich meinen, dass Sie das nicht mehr wissen.«
(Kainz, 2000, Minute 25:28–26:38)

Menschen mit Demenz fehlt Liebe, wenn kaum jemand mit ihnen in eine echte, vertraute und auch private, enge Beziehung tritt. Sie können dies lange verbal ausdrücken, oft über Jahre, wenn sie die Kraft dazu haben. Der Kopf verwirrt Menschen mit Demenz. Wenn der Verlust kognitiver Fähigkeiten langsam voranschreitet, können noch lange mit Empathie vorgebrachte kognitive Erklärungsversuche hilfreich sein. Viele Betroffene suchen nach Erklärungen.

Frau Mauerhoff fragt an einer Stelle im Film Marion Kainz:
»Sagen Sie, ist es möglich, dass man mir was ins Essen gegeben hat, weil ich an sich nicht, an nichts mich erinnern kann, dieser Form?«
Frau Kainz verneint: »Ne, dat hat nix mit dem Essen zu tun.«
Frau Mauerhoff: »Nein, na ja wie kommt denn das?«
Marion Kainz: »Weil Sie älter werden ... werden Sie vergesslich.«
Frau Mauerhoff: »Vergesslich« (und nickt).
(Kainz, 2000, Minuten 23:40–24.07)

5.4.2 Nähe herstellen, emotional und körperlich

Eine Demenz verändert den Menschen. Vergesslichkeit und Desorientierung verunsichern und machen potenziell Angst. Betroffene merken, dass ihnen einige Dinge entgleiten. Sie verlieren die Kontrolle in manchen Lebensbereichen und der Verlust der Fähigkeit, das eigene Leben verlässlich zu steuern, löst Trauer aus. Ob jemand eine wütende oder eine deprimierte Reaktion zeigt, hängt von der Persönlichkeit und dem Bewältigungsstil ab. Wie reagierte die Person früher, wenn sie die Kontrolle über eine Situation verlor? Kam das überhaupt vor oder ist es jetzt das erste Mal?

Wenn es stimmt, dass viele Reaktionen auf das eigene Demenzerleben Trauerreaktionen sind, lassen sie sich verbinden mit den vielfach beobachteten und in der Theorie beschriebenen emotionalen und körperlichen Reaktionen auf Verluste.

Demenzreaktionen als Ausdruck von Trauer zu sehen und ihnen mit Empathie zu begegnen, ermöglicht schon früh, die erlebten Veränderungen zu benennen und ein Gegenüber zu haben, das mit um Orientierung in der Verunsicherung ringt. Trauerbegleitung nimmt das Empfinden auf und bestätigt es durch eine wertschätzende und ehrliche Resonanz.

Frau Mauerhoff bewohnt im Pflegeheim zunächst ein Doppelzimmer. Einmal steht sie mit Marion Kainz auf dem Flur vor ihrem Zimmer, deutet auf das Zimmer und fragt: »Würden Sie sich in so was wohlfühlen?« Marion Kainz: »Ich glaube nicht so.« Frau Mauerhoff nickt ihr bestätigend zu. Diese kleine ehrliche Begegnung löst die Spannung von Frau Mauerhoff für diesen Moment auf. Marion Kainz bleibt im ehrlichen Kontakt und redet das Zimmer nicht schön, so wie es die Pflegerin in der zuvor zitierten Sequenz macht. Sie redet überhaupt nicht viel.

Nähe zuzulassen zu einem trauernden Menschen mit Demenz hat zwei Ebenen:

1. Nähe zu der Person, wenn die Trauer sich auf ihr Erleben in der Demenz richtet:

»Ich bin ein großer Mann und war ein recht intelligenter Bursche; ich habe mich nie für schutzbedürftig gehalten. Jetzt brauche ich Schutz. […] Ich muss unterstützt werden, weil aus meinem Selbstbewusstsein und meinem Selbstvertrauen – Eigenschaften, die meine Frau bislang besonders angezogen haben – Selbstzweifel und Unentschlossenheit geworden sind« (Taylor, 2010, S. 157).

Nähe bedeutet Schutz, wenn sie die andere Person in ihrer Verunsicherung wahrnimmt und diesen Moment empathisch gelten lässt. Dieser Moment der inneren Berührung des Schmerzes, in dem es nur um das Sehen und Anerkennen geht, ist ein wesentlicher Ausgangspunkt, um dann gegebenenfalls eine Lösung zu suchen für das Thema, das gerade die Verunsicherung auslöst. Diese Lösungen werden vielleicht mit zunehmender Demenz weniger gefunden, weil es schwerer wird, den Anderen oder die Andere zu verstehen. Der Moment der Nähe kann doch auch in solchen Situationen eine tröstende Solidarität spüren lassen.

Frau Mauerhoff kommt den Flur hinunter und sieht von Weitem Marion Kainz auf dem Flur stehen; Frau Mauerhoffs Gesicht ist angespannt, sie wirkt gestresst.
Frau Mauerhoff: »Oh, die Sonne geht ja auf.« (Pause) »Guten Tag.«
Marion Kainz: »Guten Tag.«
Frau Mauerhoff: »Wünsch Ihnen einen guten Tag.«
Marion Kainz: »Auch einen guten Tag.«
Frau Mauerhoff: »Alles Gute!«
Marion Kainz: »Ihnen auch.«
Frau Mauerhoff: »Ja, mich ham se, ham se wieder gefesselt.«
Marion Kainz: »Gefesselt?«

Frau Mauerhoff: »Nicht das Wort gefesselt, sondern so fertiggemacht.«
Marion Kainz: »Wie das denn?«
Frau Mauerhoff: »Ja, es ist so« (Pause) »schwer zu formulieren.« (Pause) »Ja, ich muss mir die Hände ein bisschen ..., die sind fettig ... ich sag's Ihnen dann.«
Frau Mauerhoff geht weiter.
(Kainz, 2000, Minute 13:59–14:45)
Frau Mauerhoff hat zuvor etwas erlebt, dass sie sichtlich aufwühlt. Das Erblicken von Marion Kainz gibt ihr Halt. Sie freut sich, sie zu sehen. Nach der überschwänglichen Begrüßung sucht sie nach Worten, die ihr Empfinden beschreiben. Es will ihr nicht gelingen. Sie geht weiter. Sie wusste, dass sie bei Marion Kainz »andocken« und ausdrücken kann, was sie bedrängt, und damit nicht stehengelassen wird. Es löst sich in dieser Situation nicht auf, aber der Anker, der Marion Kainz für sie ist, ist dennoch deutlich.

2. Nähe zu der Person, wenn die Trauer sich auf die äußeren Bedingungen bezieht:

Menschen mit einer Demenz sind vielfältigen Missachtungen ihre Person ausgesetzt. Wer sich auf Nähe zu einer Person mit Demenz einlässt und im solidarischen Mitgefühl ein Stück in ihren Schuhen läuft, wird die vielfachen Kränkungen wahrnehmen. Es stärkt und tröstet Betroffene, wenn ihre Kränkungen mitgeteilt werden, im doppelten Sinne des Wortes: Wenn jemand die Kränkung ausspricht, die ein Menschen mit Demenz so vielleicht nicht in Worte fassen kann, und die Trauer darüber bestätigt. »Du hast Recht mit deinem Empfinden, mit deiner Reaktion.«

Für die Begleitenden, die diese Nähe zulassen und die Kränkungen spüren, bedeutet dies unter Umständen auch ein Spagat zwischen den »Parteien«. Kitwood beschreibt die Abwertungen der dementierenden Personen und sagt gleichzeitig, dass die,

die abwerten, es in der Regel nicht in böser Absicht tun. Ein schlichtes Schwarz-Weiß ist oft nicht sachgemäß und auch nicht hilfreich. Man könnte so z. B. Angehörige oder Betreuende und Betroffenen zusätzlich separieren. Sich auf Nähe einzulassen ist in Bezug auf diese strukturellen Verletzungen, die Trauer verursachen, mit Spannungen verbunden.

Verstärkt werden diese Spannungen und zuweilen unlösbar, wenn sich ein Mensch mit Demenz im Pflegeheim befindet und die Strukturen nicht demenzfreundlich sind.

Wie vielfältig die Faktoren sein können, die Trauer verursachen, zeigt das nächste Kapitel.

5.5 Trauerfaktoren von An- und Zugehörigen

Wenn in der Demenzliteratur Trauer thematisiert wird, so meistens die Trauer der Angehörigen als antizipierte (vorweggenommene) Trauer. Die Schwerpunkte liegen dann auf dem Verlust der vertrauten Person durch Demenz und der Umkehrung und Veränderung von Rollen (Doka, 2010; Geister, 2004).

Wird über die Belastungen der Angehörigen, besonders wenn sie selbst pflegende Angehörige sind, geschrieben, werden zudem die soziale Isolation und körperliche wie seelische Belastungen reflektiert. Diese Belastungsfaktoren werden oft nicht in den Kontext von Trauertheorien gestellt, gehören meines Erachtens nach jedoch auch dort hin.

Bisher wenig Reflexion gibt es in Bezug auf den trauerauslösenden und verstärkenden Charakter der Vorannahmen, die über »Demenz« hinter den Aussagen stehen, und über ihre Trauerwirkung. Sie sind entscheidend für das Trauerempfinden, die Begleitung von demenzbezogenen Trauerprozessen und für die Resilienzentwicklung in einem Leben mit Demenz für An- und Zugehörige.

5.5.1 Kommunikationsstörungen

Demenz verändert alles. Sie verändert auch die Kommunikationsstruktur, die gewohnt war und die Sicherheit und Orientierung gab. Man wusste immer, woran man war. Es löst Trauer aus, wenn die kommunikativen Säulen wackeln, man sich teilweise nicht mehr versteht und man zu Hause eine babylonische Sprachverwirrung erlebt. Verstehen hat keine Konstante mehr. Das ist zutiefst verunsichernd und macht die Beziehungen instabil. Es kommen kommunikative Herausforderungen auf die Angehörigen zu und der innere Konflikt zeigt sich in vielen Fragen:

- Spreche ich mit ihr/ihm über die zunehmende Verwirrtheit und nehme ich das Wort »Demenz« in den Mund?
- Wird er/sie einen Pflegedienst akzeptieren? Können wir darüber sprechen? Was mache ich, wenn er/sie »Nein« sagt? Bestelle ich den Pflegedienst einfach und dann stehen wir einen möglichen Konflikt durch?
- Es geht nicht mehr allein zu Hause. Wie spreche ich mit ihr/ihm über ein Pflegeheim?

Die Kommunikation der Angehörigen wird zunehmend von Unsicherheit und Angst geprägt. Es ist nicht leicht, sich das einzugestehen und sich mit seiner Angst dem Menschen mit einer Demenz zu zeigen. Auch das ist ein Aspekt der Trauer.

Die Inhalte, die schwer und belastend zu kommunizieren sind, machen die eine Seite der erschwerten Kommunikation aus. Eine andere Seite weist darauf hin, dass Menschen mit Demenz in der Komplexität ihrer Kommunikationsfähigkeit eingeschränkt sind. Als Diskussionspartner/-in oder beratendes Gegenüber bei komplexeren Sachverhalten geht die Person mit Demenz ihren An- und Zugehörigen zunehmend verloren. Darunter hat Inge Jens im Zusammenleben mit Walter Jens in seiner Demenz sehr gelitten.

Auch das ständige Wiederholen von Fragen oder Erzählen von dem, was einen Menschen mit Demenz gerade beschäftigt, ist eine Belastung für Angehörige, die dafür Geduld brauchen.

Angehörige verlieren eine Gesprächspartner/-in zunehmend mehr, wenn es um kognitiv anspruchsvolle Kommunikation geht, wie z. B. um

- den erlebten Tag zu besprechen,
- Probleme zu besprechen,
- das, was einen beschäftigt und umtreibt, zu besprechen,
- (manche) Erinnerungen zu teilen.

Angehörige verlieren zunehmend die Anteilnahme des Anderen am eigenen Leben. Das hat Auswirkungen auf die Beziehung. Der Verlust muss betrauert werden, damit die Beziehung sich verändern und eine neue entstehen kann.

»Vor drei Jahren habe ich geheiratet, das erste Mal in meinem Leben, mit fast fünfzig Jahren habe ich mich getraut. Ganz häufig nahm meine Mutter die Einladungskarte in die Hand, guckte kurz drauf – um sie dann wieder aus der Hand zu legen, ohne zu Ende gelesen zu haben, ohne Kommentar. Wie sehr hatte sie sich gewünscht, dass ihre Töchter heiraten. Nun erfüllte ich ihr Sehnen, aber es erreichte sie nicht mehr. Das tat mir für uns beide leid. Für sie, weil sie sich nicht mehr darüber freuen konnte, und für mich, weil es mich kränkte, dass sie mich bei dieser großen Entscheidung nicht mehr in meine Lebenswelt begleiten konnte« (Tönnies, 2009, S. 10).

5.5.2 Die Personen verändern sich

»Sein Anblick beim Rasenmähen stimmt mich sehr traurig. Es ist einer der schlimmen Momente. Richard hat sich jahrelang liebevoll um unseren Rasen und seine Gärten gekümmert. Er war so stolz auf ›seinen Rasen‹, aber die veränderten Muster in seinem Kopf lassen sich fast ablesen am Weg, den der Rasenmäher nimmt. Er führt die Arbeit selten zu Ende. Er wird abgelenkt und fängt etwas anderes an, obwohl das Gras noch nicht fertig geschnitten ist, was er jedoch überhaupt nicht merkt« (Taylor, 2010, S. 28).

Schmerzhaft ist für Angehörige, wenn die Veränderungen, die sie wahrnehmen, mit dem Verlust von Fähigkeiten verbunden sind. Wenn jemand etwas nicht mehr kann. Mit dem Verlust von Handlungsmacht müssen die Betroffenen klarkommen. Es ist eine Trauerreaktion, das bröckelnde Vermögen zu leugnen, wütend zu werden oder sich depressiv zurückzuziehen. Zumal gerade zu Beginn der Veränderungen viele das Verhalten als Nachlässigkeit interpretieren und mit ihren Angehörigen schimpfen. »Lass dich bitte nicht so gehen!« (Geiger, 2011, S. 7; vgl. Braam, 2007, S. 20) ist eine typische Reaktion.

»Angehörige persönlichkeitsveränderter alter Menschen erleben mehr Stress, zeigen eine geringere Lebenszufriedenheit und leiden häufiger unter psychosomatischen Beschwerden als Angehörige von alten Menschen« (Geister, 2004, S. 25), die nicht verändert sind. Sie nehmen sich nicht als Trauernde wahr, sondern als chronisch belastet.

Verdrängung, Wut und Depression sind auch Anteile der Angehörigen. In seinem Plädoyer für die wissenschaftliche Erforschung der Persönlichkeitsveränderungen geht Richard Taylor auf das Zusammenspiel der Betroffenen und der Umgebung ein: »Und wenn ich nun schon einmal dabei bin, mich zu beklagen, was ist mit den Persönlichkeitsveränderungen meiner Betreuungspersonen? Die schlichten Worte: ›Ihr Angehöriger hat die Alzheimer-Krankheit‹ lösen Ängste aus, sie rühren an tief vergrabene Haltungen und Überzeugungen, und verändern garantiert auch die stabilste Persönlichkeit« (Taylor, 2010, S. 134). Angehörige verändern sich. Sie zeigen Verhaltensweisen, die sie von sich so nicht kannten. Sie reagieren ungehalten, schimpfen, bevormunden, schämen sich für den Angehörigen und müssen mit all diesen Gefühlen mit sich und dem Anderen gegenüber klarkommen. Das eigene Selbstbild verändert sich und wandelt sich im Lauf einer Krise.

»Das, was meine Mutter einmal ausmachte, löst sich auf. Vor allem die Wesensveränderungen sind es, die mir sehr zu schaffen machen, die mir das Gefühl vermitteln, dem langsamen Sterben meiner Mutter zuzusehen. Oft habe ich das Gefühl, es ist ein Abschied zu Lebzeiten, den ich bewältigen muss, und häufig geht mir diese schwere Aufgabe so sehr an die Substanz, dass ich mich überfordert fühle« (Tönnies, 2009, S. 10).

Finden Angehörige und Demenzbetroffene in eine Balance mit ihrem Leben und Erleben, können auch bereichernde Wesensveränderungen erfahren werden:

Eine Frau berichtet: »Mein Vater war immer ein sehr kontrollierter Mann, der kaum Emotionen zeigte. Zärtlichkeiten gab es bei uns nicht, die habe ich auch nicht bei meinen Eltern miterlebt. Ich habe das immer vermisst. In der Demenz ist er jetzt ganz weich geworden. Beim Spazierengehen hakt er sich bei mir unter und wenn wir in seinem Zimmer am Tisch sitzen, streicht er mir immer mal wieder über den Arm und sagt lächelnd: ›Wie schön, dass du da bist.‹ Ich genieße sehr, dass ich das mit ihm noch erleben darf, und es versöhnt mich mit vielen Konflikten, die ich als junge Frau mit ihm hatte. Ich finde es auch für ihn schön; er wirkt zufriedener mit sich und der Welt.«

An- und Zugehörige berichten von Veränderungen des Verhaltens der Personen mit Demenz in für sie angenehme und unangenehme Richtungen. Dies bezieht sich auch auf ihr eigenes Erleben.

5.5.3 Zukunftsbilder

Menschen werden mit einer fortschreitenden Demenz immer abhängiger von der Unterstützung und Zuwendung anderer. Etwa zwei Drittel von ihnen werden in ihren Familien versorgt und gepflegt. Die häusliche Sorgesituation wird vielfach von ambulanten Angeboten unterstützt, etwa von einer ambulanten Pflege, Tagespflegeangeboten und stundenweise angebotener Demenzbetreuung wie Demenzcafé, Besuchsdienst etc., aber der größte Teil muss von den Angehörigen übernommen werden.

So verändert eine Demenz das Leben der Angehörigen sehr umfassend. Je näher sie der Person stehen und je stärker ihr Zusammenleben verwoben ist, desto stärker wird die Veränderung sein. Ehepartner/-innen und Kinder tragen die größte Sorgeverantwortung inklusive der enormen finanziellen Herausforderungen.

Die Fürsorge für einen Menschen mit Demenz umfasst viele Lebensbereiche. Vom Sorgetragen für regelmäßiges Essen und Trinken über das Waschen der Kleidung und Säubern der Wohnung bis hin zum Anstoßen oder Übernehmen von sozialen Kontakten, Begleiten zu Ärzten/Ärztinnen und Therapien usw. steigt die Notwendigkeit, die Verantwortung zu übernehmen, langsam und stetig an. Es kann einem Angehörigen so erscheinen, als müsste er oder sie das Leben eines anderen Menschen mit leben. Das Ende dieser Lebensphase tritt erst durch den Tod des Angehörigen ein. Das Lebensgefühl eines »Pflegelebens« ist der Augenblick. Zukunftsbilder werden von den meisten Angehörigen nicht entworfen, »als seien sie an ein Schicksal gebunden, das sie zu vollziehen haben. […] Die meisten Pflegenden erwarten oder wollen nicht, wenn sie selber alt und hilfebedürftig sind, dass sie von ihren Kindern gepflegt werden« (Geister, 2004, S. 44 f.).

5.5.4 Veränderte Rollen

Die Rede von alten dementierenden Menschen, die wieder zu Kindern werden, ist zu einem Stereotyp geworden, das vielfach zitiert wird und salonfähig ist in der Demenzliteratur. Eltern werden wie Kinder und die Kinder übernehmen die Elternrolle, heißt es (Klug, 2017). Diese Vereinfachung ist nicht nur sachlich falsch, sondern verstärkt die Infantilisierung, der alte Menschen grundsätzlich und Menschen mit Demenz besonders ausgesetzt sind.

Der Secondary Babytalk (Caporael et al., 1983), die Verwendung von Ammensprache in Bezug auf alte Menschen, beschreibt die Veränderung der Pflegesprache mit alten dementierenden Menschen. Es gibt zudem eine Fülle von Materialien für Betreuungsangebote für alte Menschen, die infantilisierend sind und alte Menschen »wohlmeinend« diskriminieren (vgl. Rothermund u. Mayer, 2009; Skladny, 2015).

Blick in die Praxis

Eine 90-jährige Dame mit einer als mittelschwer bezeichneten Demenz besuchte mehrere Tage in der Woche eine Tagespflegeeinrichtung und brachte eines Tages ein Bild mit nach Hause, das sie ausgemalt hatte. Es zeigt einen Hund und unter dem Hund stand: »Ein Indianer kennt keinen Schmerz.«

Die Malvorlage wurde erstellt von einer Pharmafirma (siehe Abbildung 3). Das infantilisierende Malangebot ist mit einem Satz gepaart, den viele alten Menschen aus ihrer Kindheit kennen und der sie lehrte, bei Schmerzen die Zähne zusammenzubeißen. Sieht man dieses »Beschäftigungsangebot« im Zusammenhang mit der häufig unzureichenden Versorgung von Schmerzen bei alten Menschen und mit den Schwierigkeiten, Schmerzen bei Menschen, die wahrnehmungseingeschränkt sind, zu erkennen, kann man das Makabere des Malangebots nicht übersehen.

Mit der Aussage, die man häufig auch von Pflegenden hören kann, dass alte Menschen wieder wie Kinder werden, beschreiben sie ihre Sorgetätigkeit und infantilisieren auch diese. Der pflegebedürftige alte Mensch wird in solch einem Pflegekonzept auf »satt und sauber« reduziert und die Pflegetätigkeit auf »Windeln wechseln und füttern« – beides Begriffe, die auf erwachsene Pflegebedürftige nicht angewendet werden sollten. Pflegende, die so sprechen – ob in häuslichen oder stationären Kontexten –, reduzieren die anspruchsvolle Aufgabe der Pflege alter dementierender Menschen und blenden wesentliche Elemente guter Pflege aus. Diese sind z. B. eine Pflege mit dem biografischen Hintergrund, in validierender Begegnung und Achtung der Person als den Mann oder die Frau, die sie im Laufe von vielen Jahrzehnten geworden sind. Die Infantilisierung wird somit auch den Sorgenden nicht gerecht.

Abbildung 3: Malvorlage einer Pharmafirma mit dem Titel »Ein Indianer kennt keinen Schmerz«

Der Verlust der Mutter oder des Vaters in seiner vertrauten Rolle ist spürbar schmerzhaft, aber die Beziehung kann sich verändern zu einer neuen Eltern-Kind-Beziehung:

»Bin ich hier Tochter oder bin ich hier Mutter geworden, die wiederum ihre Mutter, die zum Kind wurde, begleitet? Ich kann doch nicht die Mutter meiner Mutter sein! Ich bin doch die Tochter! […] Meine Mutter ist meine Mutter und bleibt meine Mutter. Ich bin ihre Tochter und bleibe ihre Tochter, auch wenn die Rollen sich während ihrer Krankheit gewandelt haben. Ich bleibe auch dann Tochter, wenn diese Rolle für meine Mutter nicht mehr erfassbar ist. Ich hoffe (so wie sie es sicher in meinen ersten Lebensjahren für mich gehofft hat), dass sie es spürt, dass neben ihr ein Mensch sitzt, der es gut mit ihr meint: ihre Tochter« (Funke, 2009).

Für Christine Funke ist der Schlüssel zur Veränderung die Erinnerung an ihre Kindheit und die vielen »Muttererfahrungen«, die sie gemacht hat. Die Erinnerung an die gemeinsame Geschichte, in der die Rolle »unbeschädigt« war, kann helfen, im Trauerprozess ein neues aktuelles Empfinden für die Eltern-Kind-Rollen zu entwickeln.

Ähnlich ist es bei der vielleicht noch schwerwiegenderen Aufgabe, die Rolle in einer Partnerschaft neu zu finden. So wie Kenneth J. Doka formulieren auch andere, dass die Demenz den oder die Lebenspartner/-in zum/zur Krypto-Witwe/-r macht (Doka, 2010, S. 17). Dieses Label spricht die dementierende Person als Ehemann oder Ehefrau sozial tot. Es entspricht jedoch nicht dem Erleben der Betroffenen und wird der Krise, durch die Ehepaare gehen, nicht gerecht. »Manchmal weiß ich überhaupt nicht mehr, bin ich nun eigentlich noch seine Frau oder bin ich nur noch irgendeine Frau, eine Person, die jeden Tag kommt, ihn hochnimmt, mit ihm spazieren geht, sich mit unterhält? Wer bin ich in seinen Augen? Könnte es genauso gut die Krankenschwester sein? […] Als die Demenz begann, habe ich hier oft gesessen und gedacht: ›Ja, mein Mann liegt da auf dem Sofa. Nein, es liegt ein Mann auf dem Sofa – aber nicht mein Mann.‹ Er ist für mich nur noch ein Mensch, dem gegenüber ich ein tiefes Mitleid habe« (Tönnies, 2009, S. 93 f.).

Die Paarbeziehung wird im Leben mit Demenz zutiefst erschüttert. Jede Beziehung, in der ein Part pflegebedürftig und wahrnehmungseingeschränkt wird, betrifft dies. Die Ehefrau, die eben zitiert wurde, kommt zu dem Resümee: »Und trotzdem ist es der Mensch, der zu mir gehört, und ich werde weiter hingehen. Ich habe mich schon damit abgefunden, dass ich ihn nicht mehr als Mann ansprechen kann« (Tönnies, 2009, S. 93).

Meint sie den Mann als Sexualpartner? Richard Taylor zitiert seinen Neurologen nach der Diagnosestellung, der ihm unaufgefordert versicherte, dass die Alzheimer-Krankheit seine Sexualität nicht beeinflussen werde: »Sie werden manchmal Sex haben, sich umdrehen, vergessen, dass sie soeben Sex gehabt haben, und gleich wieder Sex haben wollen.« »Toll!«, dachte ich. »Vielleicht hat Alzheimer auch sein Gutes – mehr Sex!« (Taylor, 2010, S. 161). Im Folgenden reflektiert er über diesen jugendlichen Gedanken und darüber, dass er im Laufe seines Lebens gelernt hat, wie wesentlich Intimität in einer Beziehung ist für die Sexualität. Er macht die Erfahrung, dass durch seine Demenz die Intimität gewachsen ist. »Wenn wir beisammen sind, reden wir mehr, wir umarmen uns öfter, wir weinen öfter und lachen öfter, lauter und länger« (Taylor, 2010, S. 162). Der größte Feind, der die Intimität mit seinen Lieben beschädigt, ist die Angst, die alle Beteiligten ergreift. »Ich glaube, dass meine Ängste, für die ich selbstverständlich Dr. Alzheimer verantwortlich mache, meine wahren Feinde sind. Sie sind die Auslöser meiner Intimitätsprobleme« (Taylor 2010, S. 163).

Intimität, Vertrautheit, die Erinnerung an eine gemeinsame Geschichte, die Körpererinnerung beim Spüren der vertrauten Hand, all das muss in einer Demenz nicht verloren gehen. Sie können Erfahrung bleiben oder neu werden im Veränderungsprozess, wenn Partner/-innen die Veränderungen betrauern und Impulse für ein Leben mit Demenz bekommen können.

Einem Herrn, dessen Frau von einer Demenz betroffen war, wurde von seinen Schwestern geraten, sich eine Freundin zu suchen, um den nun fehlenden Aspekt des Lebens außerhalb der Ehe zu leben. Er entschied sich dagegen, obwohl er sagte: »Für mich hat die Krankheit meiner Frau ja bedeutet: Trennung von der Weiblichkeit, von dem, was uns in der Ehe verband, nicht vom Tisch, aber vom Bett. Meine Frau zeigte an Sexualität schon sehr bald kein Interesse mehr. Damit muss man als Ehemann dann einfach fertig werden« (Tönnies, 2009, S. 41 f.). Nicht verloren ging die Nähe zu seiner Frau, der Hautkontakt ganz wichtig war, und »Zweisamkeit, miteinander lachen und fröhlich sein, das haben wir ja auch gehabt. […] Wir haben eigentlich jeden Tag gelacht« (Tönnies, 2009, S. 58).

Wesentlich im Prozess der Trauer um den Verlust von Wesensanteilen der Partnerschaft ist die Offenheit, tabulos die Veränderungen geschützt aussprechen zu können und zu schauen, ob eine andere Form der Intimität und Nähe wachsen kann. Jemanden vorschnell sozial zum Witwer oder zur Witwe zu erklären, ist nicht hilfreich in diesem Prozess, da Demenz kein Tod, sondern eine veränderte Art des Lebens bedeutet, wenn Menschen die Möglichkeit dazu bekommen.

5.5.5 Zeugen und Zeuginnen der Würdelosigkeit und der Entpersonalisierung

»Die machen Dienst nach Vorschrift und nicht einen Handschlag mehr. Nicht einen Handschlag mehr! Das interessiert die auch nicht, welche Bedürfnisse die alten Menschen haben. Ich habe oft gesagt: ›Das ist ein Mensch mit Gefühl, mit sehr starken Gefühlen, und der schämt sich, wenn ihm in der Öffentlichkeit oder im Zimmer, wo drei Mann liegen, einfach so die Hose und die Windeln runtergerissen werden.‹ Aber das machen die! Ich finde das nicht in Ordnung. Also, die nehmen den Menschen die Würde« (Tönnies, 2009, S. 91).

An- und Zugehörige schmerzt die Verwundbarkeit ihres Menschen mit Demenz und sie haben oft Gefühle der Scham und Gefühle, den Anderen schützen zu müssen. Wenn er oder sie aus dem Schutz herausfällt, leiden die An- und Zugehörigen mit. Je weniger Einfluss sie auf die Situation haben und je weniger Macht sie in einem System haben, umso stärker empfinden sie Ohnmacht und gegebenenfalls auch Schuld, weil sie ihre/-n Angehörige/-n nicht schützen können. Dies kann chronisch empfunden werden, wenn Angehörige im Pflegeheim oder Krankenhaus sind und dort nicht würdevoll behandelt werden.

Weitere Situationen, die Angehörige als würdelos und verletzend erleben, entstehen aus der sozialen Missachtung eines Menschen mit Demenz.

»Meine Mutter hat immer noch keine Pflegestufe. Ich habe vor einem Dreivierteljahr einen Antrag auf Einstufung gestellt. An dem Tag, als die Beerdigung meines Vaters war, am 2. November, kam der Medizinische Dienst. Am Tag der Beerdigung! Das ließ sich nicht anders machen. Die haben einen Tag vorher angerufen: ›Wir wollen morgen kommen.‹ Ich sagte: ›Nein, das geht nicht, morgen ist die Beerdigung.‹ Aber die meinten: ›Ja, wir kommen um acht Uhr. Sonst klappt das in diesem Jahr nicht mehr.‹ Und da habe ich mich geschlagen gegeben: ›Na gut, dann kommen Sie halt, wenn es denn eben sein soll, an dem Tag.‹« (Tönnies, 2009, S. 167).

Würdelosigkeit in Verhaltensweisen und Äußerungen sind in Bezug auf Menschen mit Demenz an der Tagesordnung und belasten die Trauer der An- und Zugehörigen, solange es keine demenzgerechte Gesellschaft gibt.

5.5.6 Fehlende gesellschaftliche Solidarität

»Demenz in der Kommune« ist ein Programm, das Projekte fördert, die Menschen mit Demenz in ihrem Quartier integrieren und Leuchtturmprojekte der Integration publik machen möchten (vgl. Rothe et al., 2015).

Ein afrikanisches Sprichwort lautet: »Um ein Kind aufzuziehen, braucht es ein ganzes Dorf.« Es verhält sich ebenso in Bezug auf Menschen mit Demenz. Um einen Menschen mit Demenz zu begleiten, braucht es großes Netzwerk. Die sich stark gesundheitlich auswirkende Belastung für pflegende Angehörige lässt sich nur durch verlässliche Unterstützung mildern. Die fehlende Sorgegemeinschaft, die sich ganz praktisch im Einkaufen, Waschen, Besuchen, zur Toilette Begleiten, Mitnehmen zu Konzerten oder zur Kirche etc. ausdrückt, erschwert das Leben mit Demenz.

Hilfsangebote anzunehmen erfordert, dass jemand seinen oder ihre Angehörige/-n gut aufgehoben weiß in den Händen anderer. Am hilfreichsten sind die vertrauten Menschen aus Familie und Nachbarschaft, die natürliche Anknüpfungspunkte mit den dementierenden Personen haben und gemeinsame Geschichten teilen. Dies lässt sich nicht durch den Dienstleistungssektor lösen, weder finanziell noch inhaltlich.

5.5.7 Der Tod

Es ist ein Tabu, über den Todeswunsch der Angehörigen für ihre Dementierenden zu sprechen. Martina Rosenberg hat dieses Tabu mit ihrem Buch »Mutter, wann stirbst du endlich?« (Rosenberg, 2012) gebrochen. Das Buch wurde zum »Spiegel«-Bestseller und Rosenberg war zu Gast in Talkshows. Ihr gelang es, die Diskussion um Alter, Pflege und Sterben anzustoßen. Sie ist ein Beispiel für eine belastete Angehörige.

Inga Tönnies hat in ihren Interviews auch die Frage gestellt: »Haben Sie sich schon manchmal gewünscht, dass Ihr Angehöriger stirbt?« (Tönnies, 2009, S. 16). »Ja, ich würde sagen, wir wünschen es meiner Frau alle, dass sie bald stirbt […] wünschen ihr von Herzen, dass sie so schnell wie möglich zu einem ruhigen Ende kommt« (Tönnies, 2009, S. 47). Den Gedanken an den Tod des/der Angehörigen mit Demenz zuzulassen ist enorm schwer und überwiegend mit Schuldgefühlen verbunden. Er ist Ausdruck einer langandauernden Überforderung, eines Lebens an und über die eigenen Grenzen hinaus. Werden die Begleitung des dementierenden Angehörigen als solche Belastung erfahren und die Auswirkungen der Demenz als menschenunwürdig, hat dies auch Auswirkungen auf die eigene Haltung Demenz gegenüber.

»Ich habe nur den Wunsch, dass mein Mann ganz schnell stirbt, damit er erlöst ist. Denn das, was er jetzt durchmacht, das ist nur Qual, nur Qual. […] Wenn mir ein Arzt sagen würde, ich hätte diese Krankheit, dann würde ich sofort anfangen, mir Tabletten zu besorgen, und die würde ich dann ganz schnell nehmen, bevor ich vergessen hätte, wofür ich mir die besorgt habe, weil ich weiß, wie diese Krankheit aussieht und wie sie endet« (Tönnies, 2009, S. 89 f.).

Geht dem Sterben mit Demenz eine lange Phase einer Bettlägerigkeit voraus und sind die Dementierenden überwiegend in sich versunken, wirken sie auf ihre Angehörigen fast wie tot. Es kann kaum noch Leben miteinander geteilt werden. Die Sprache ist nicht mehr da, man isst nicht mehr miteinander, das Erzählen vom eigenen Tag bleibt ohne Resonanz. Reaktionen scheinen am deutlichsten, wenn jemand Schmerzen hat. Kommt der Tod, so kommt er als Erlöser.

Für nahe Angehörige kann der Tod dann eine Ambivalenz in sich tragen: das Empfinden einer Erlösung von Leiden für die Lieben in ihrer schweren Demenz und das Empfinden der eigenen Erlösung von der Anstrengung der Fürsorge. Es gehört viel persönliche Integrität und eine starke Persönlichkeit dazu, kein schlechtes Gewissen zu haben in der Trauer um das Leben, das sich so lange ausgeschlichen hat. Die Vorstellungen von einem »guten Tod« sehen oft anders aus.

Trauerfaktoren von An- und Zugehörigen 129

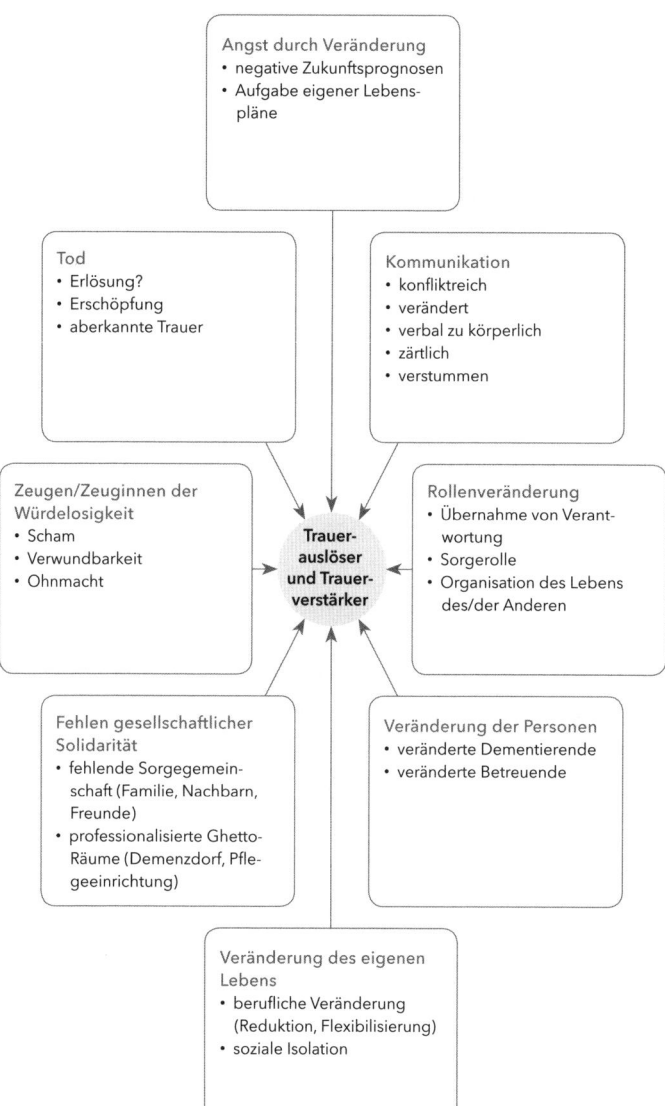

Abbildung 4: Demenzbezogene Trauerauslöser für An- und Zugehörige

Neben die Trauer über den Verlust des vertrauten Menschen kann die Trauer um das eigene Leben treten. Pflegende Angehörige sind oft körperlich und psychisch erschöpft und nun mit einer Leere des eigenen Lebens konfrontiert.

Die Trauer bei Demenz hat diese doppelte Belastung. Sozial erfahren verstorbene Menschen mit Demenz wenig Anteilnahme; das Umfeld hat sie schon lange sozial für tot erklärt. Erlösung heißt für sie, dass der Körper dem nun (endlich) hinterhergekommen ist, was der Geist ihrer Meinung nach schon lange getan hat. Durch diese Haltung, die dem dementierenden Menschen nicht mehr im Leben gefolgt ist, können sie den Angehörigen kein Mitgefühl entgegenbringen und sagen, »es ist bestimmt für dich eine große Erleichterung« (Metz, 2012, S. 156). Angehörige erlebe nun eine Fortsetzung der ihnen aberkannten Trauer (Doka, 1989, 2002). Ihre Trauer im Leben mit Demenz wurde nicht gesehen und getragen und ihre Trauer nach dem Tod ihres geliebten Menschen stößt auf Unverständnis. Durch den Tod werden beide zu Opfern des sozialen Todes – die Dementierenden und die An- und Zugehörigen.

Trauerbegleitung ist als mitfühlenden, Resonanz auf die Vielfalt der Trauergefühle durch die Lebenserfahrung Demenz nun enorm wichtig. Das Fatale am Phänomen der aberkannten Trauer ist, dass sie gesellschaftlich abgewertete Menschen betrifft. Diese Abwertung ist gesellschaftlich tief verankert. Trauerbegleitende können jetzt nur hilfreich sein, wenn sie ihre eigenen übernommenen Einstellungen ehrlich hinterfragen, eigene Abwertungen aufspüren, sich mit ihnen auseinandersetzen und in Wertschätzung verwandeln können.

6 Herausforderungen für die Demenz- und die Trauerforschung

Die Forschung über und mit Demenzbetroffenen hat ihre eigenen ethischen Besonderheiten. Menschen mit Demenz gelten als eine verletzliche (vulnerable) Personengruppe. Daher sind die ethischen Richtlinien der einzelnen Forschungsdisziplinen zu beachten, wie z. B. der Ethik-Kodex der Deutschen Gesellschaft für Pflegewissenschaft e. V. (DGP, 2017), der Deutschen Gesellschaft für Soziologie (DGS) oder die Stellungnahme des Deutschen Ethikrates (Deutscher Ethikrat, 2012). Forschungsethisch bedeutsam ist die Verpflichtung, die Würde und Integrität der teilnehmenden Personen nicht zu beeinträchtigen. Forschende sind sich der Risiken bewusst und treffen Maßnahmen, um die Sicherheit und das Wohl der an der Forschung teilnehmenden Personen zu gewährleisten.

In Bezug auf die Trauerforschung, die von Forschenden unterschiedlicher Disziplinen betrieben wird, ist der Zusammenhang von Trauer und Demenz bisher wenig erforscht worden und stellt in allen Aspekten ein sogenanntes Forschungsdesiderat dar, d. h., es gibt noch viele Lücken in der Grundlagenforschung und in der anwendungsbezogenen Forschung. Die Lebensqualität von Menschen mit Demenz, ihren An- und Zugehörigen und der gesellschaftlichen Systeme profitierten von vermehrter Forschung.

Die hier formulierte Trauertheorie stellt die These auf, dass die Trauer von Menschen mit Demenz weitgehend nicht erkannt wird und sie damit eine erschwerte oder gar traumatische Trauer erfahren (zu den Begrifflichkeiten vgl. Paul, 2011, S. 70 ff.). Hierzu ist weitere Forschung nötig.

Wesentlich erscheint mir zu klären, welches Menschenbild und welche Vorannahmen von Demenz hinter den bisher getroffenen Forschungsaussagen in Bezug auf Trauer und Demenz stehen, sowie eine Reflexion dessen in Bezug auf die vorgestellten Ergebnisse. Leitend für einen Forscher/-innenblick kann dabei zunächst die Frage der Sozialwissenschaftlerin Anthea Innes sein, die die Vorannahmen hinterfragt: Woher weiß ich, was ich über Demenz weiß? (vgl. Innes, 2014, S. 16). So stellt sich auch für die Trauerforschung die Aufgabe, die Vorannahmen bisheriger Forschung zu bearbeiten, z. B. der Psychologin Gabriele Wilz, die mit Angehörigen forscht (Wilz, 2015), oder des Trauerforschers und Gerontologen Kenneth J. Doka (2010).

Haben Vorannahmen über Demenz einen trauerauslösenden und verstärkenden Charakter? Welche Demenzbilder sind in der Hospiz- und Palliativbewegung vertreten, die in Veröffentlichungen zu Trauer und Demenz sichtbar werden, wenn z. B. Titel gewählt werden wie »Wenn Sprache nicht mehr berührt« (Müller et al., 2014) und eine dramaturgische Eröffnung des Kapitels wie folgt gewählt wird: »Die Kinder merkten, dass das alltägliche Leben nicht mehr funktionierte, weil mehr und mehr Motten die Herrschaft im Haus übernahmen. Und weil immer mehr Geschirr zu Bruch ging und weil Töpfe so angebrannt waren, dass man sie entsorgen musste« (Müller et al., 2014, S. 140)? Interessant wäre in Bezug auf die Trauer- und Demenzforschung zu fragen, welche Auswirkungen es auf die Versorgung von Menschen mit Demenz hat, wenn solche meines Erachtens nach eher negativ geprägten Bilder die Grundlage für einen Text bilden oder wenn eine von Sympathie und Liebe geprägte Sprache verwendet wird, wie etwa bei Arno Geiger oder Stella Bram, wodurch ihre Protagonisten (ihre Väter) zu Sympathieträgern für Demenz werden. Die Sprachforschung ist hier gefragt und könnte sicher zu spannenden Forschungsergebnissen führen.

In wissenschaftlichen Studien zur Trauer von dementierenden Menschen, die sich an der biomedizinischen Lesart von Demenz orientieren, findet sich immer wieder die Einordnung der beforschten Menschen mit Demenz nach einer Punktzahl, die ein Mini-Mental-State-Test ergeben hat (vgl. Ling, 2016). Sie fragen nach einem Zusammenhang von (potenziell traumatischen) Trauerereignissen und einer Zunahme von Demenzerscheinungen. Welche Kriterien sie ihrer Forschung zugrunde legen, wäre auch hier zu reflektieren.

7 Aufgaben von Trauerbegleiterinnen und Trauerbegleitern im Lebensabschnitt mit Demenz

Nimmt der kognitive Zugang zur Erklärung von Trauerschmerzen ab, wird die berührend-empathische Begleitung zunehmend wichtig. Dann kann es helfen, sich neben jemanden zu setzen und sie oder ihn in den Arm zu nehmen. Die emotional-körperliche Präsenz wird stärker und die Worte werden einfacher. Das Erkennen und Anerkennen von Trauer braucht nun Wege, die sinnlich sind. Zärtlichkeit wird Trost.

Blick in die Praxis
»Zimmerbesuch bei Frau P., die in letzter Zeit sehr depressiv ist. Nach der Begrüßung entspinnt sich ein Gespräch über Frau P.s Niedergeschlagenheit. Während des Gesprächs rollt Frau P. mit ihrem Rollstuhl immer näher an mich heran, bis wir uns schließlich fast berühren. Ich frage: ›Frau P., soll ich Sie mal drücken?‹; sie bejaht dies, erwidert meine Umarmung kräftig. Anschließend sagt sie, das habe ihr sehr gut getan.«
(Logbucheintrag einer Teilnehmerin des Forschungsprojektes »Spirituelle Begleitung von Menschen mit Demenz im Kontext von Palliative Care im Altenpflegeheim«)

7.1 Trauer begleiten

Trauerbegleiter/-innen lernen, empathisch und einfühlsam Trauernde zu begleiten. Sie üben sich ein in eine Haltung des

Zutrauens: dass jemand den Schmerz verwinden kann und wieder ins Leben finden wird. Dazu ist es notwendig, die Trauer des Anderen zu bestätigen, ihr Berechtigung zu vermitteln und die zum Teil schwierigen Gefühle als Trauer einordnen zu helfen. Es ist eine Haltung, die Verständnis hat und Verständnis schafft für die Vielfalt an Wahrnehmungen, die oben bei William J. Worden beschrieben wurden (vgl. auch Müller, 2016).

Menschen, die die Trauer von Personen mit Demenz begleiten möchten, müssen sich zunächst im Klaren sein über das Bild, das sie von Demenz haben. Wenn sie eine »Demenzphobie« haben, werden sie in der Begegnung bewusst oder unbewusst ihren eigenen Ängsten begegnen und diese in der anderen Person bekämpfen wollen. Sie könnten die Trauergefühle verleugnen oder sie »der Krankheit« zuschreiben.

Eine Haltung, die hilfreich ist für Menschen mit Demenz:
- nimmt die Trauerreaktionen wahr,
- bestätigt das Recht zu trauern,
- hält die eigenen Ängste und Ohnmacht aus,
- nimmt die verbalen und symbolischen Trauerreaktionen validierend (wertschätzend) auf,
- hilft die Lösungswege zu transformieren in aktuell Mögliches,
- hinterfragt übliche Automatismen (schnelle Auflösung der Wohnung, Entmündigung der Person etc.), um erschwerte Trauer zu verhindern,
- bleibt in Beziehung, auch wenn die Sprache sich verändert (verbal – nonverbal).

Trauerbegleiter/-innen für Menschen mit Demenz sollten folgende Eigenschaften haben bzw. einüben:
- Wertschätzung gegenüber der Person mit Demenz,
- Offenheit und Neugierde für das »Tagesaktuelle«,
- präsent sein im Augenblick,
- Echtheit im Kontakt,

- Intuition,
- Offenheit für Nähe, auch körperlich,
- verbindend sein zwischen Dementierenden und (hilflosen) Angehörigen.

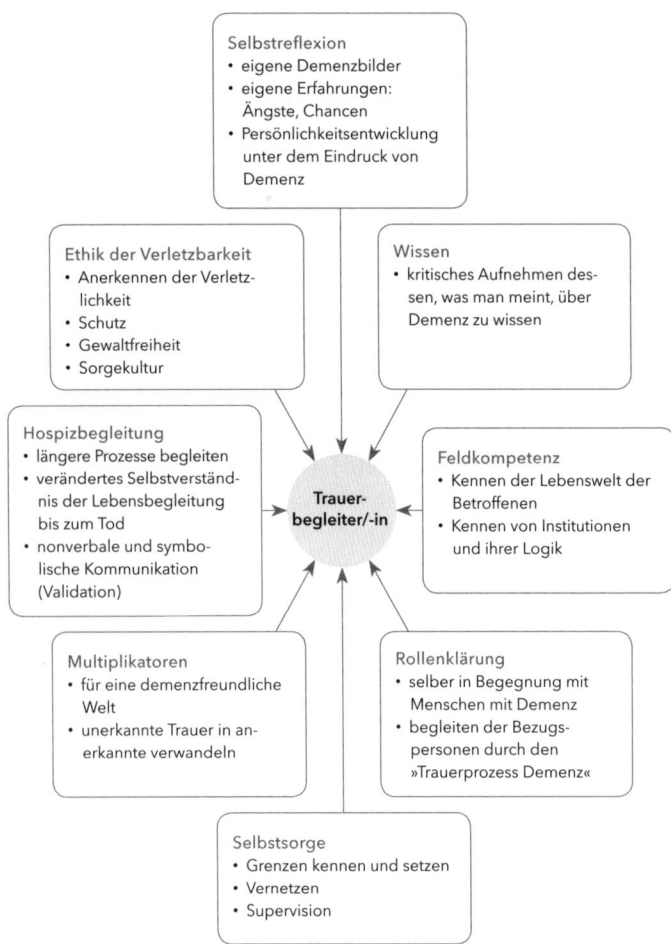

Abbildung 5: Aufgaben von Trauerbegleiterinnen und Trauerbegleitern unter Einbezug des hospizlich-palliativen Kontextes

Trauerbegleiter/-innen für Menschen mit Demenz werden die Menschen sein, die mit ihnen zusammenleben oder sie beruflich begleiten. Sie können das Wissen um Trauer in ihre Begegnung integrieren.

Trauerbegleiter/-innen für pflegende Angehörige können die Menschen sein, die das Leben mit der Demenz geteilt haben. Pflegende und Mitglieder der Selbsthilfegruppe, die man besucht hat, sind solche Trauerbegleitenden. Sie sind von unschätzbarem Wert, da sie in der Lage sind, die schmerzhaften Situationen des Alltags nachzuvollziehen und Loyalität zu zeigen. Daher ist die Abschiedskultur einer Pflegeeinrichtung so wichtig, wenn sie zu einer Erinnerungsfeier einlädt, um die Verstorbenen zu würdigen. Angehörige können mit etwas Abstand mit ehemaligen Bezugspersonen das »so gelebte Leben bis zum Tod« als gemeinsame Erinnerung teilen. Es gibt nicht viele Menschen, mit denen sie die »letzte Meile« in der Erinnerung teilen können. Damit die Einsamkeit in der langjährigen Demenzerfahrung nicht in der Zeit der Trauer nach dem Tod fortgeführt wird, braucht es Verbündete.

Professionelle Trauerbegleiter/-innen können zu Verbündeten werden, wenn sie ihr Wissen um Demenz und Trauer erweitert haben. Seelsorger/-innen, die die Beerdigung begleitet haben, gehören zu denen, die in der Trauerbegleitung von Angehörigen gefragt sind. Ebenso können Hospizdienste ihren Auftrag der Trauerbegleitung für Angehörige von Menschen mit Demenz als Lebens- und Trauerbegleitungsangebot aufnehmen (siehe Abbildung 5).

7.2 Palliative Care und hospizliche Begleitung

Hospizdienste müssten ihre Kenntnisse in Bezug auf die Besonderheiten des demenziellen Abschieds erweitern, um neue vernetzte Begleitungsangebote mit Kooperationspartnern/-partnerinnen aus der (Alten-)Pflege und Geriatrie zu entwickeln. Seit dem Jahr 2016 haben sie in Deutschland durch das neue Hospiz- und Palliativgesetz den Auftrag, verstärkt die Kooperation mit Pflegeeinrichtungen zu gestalten. Sie müssen sich dabei am Bedarf der alten, multimorbiden Menschen orientieren und neue Kriterien für hospizliche Begleitungen entwickeln (vgl. Birkholz, 2016).

Menschen mit Demenz leben häufig mehrere Jahre mit einer Demenz und die letzte Lebensphase, die eine hospizliche Begleitung bereichern und hilfreich unterstützen kann, ist nicht wirklich kalkulierbar. In der Praxis gibt es beides: Die einen sagen, Menschen mit Demenz sterben sehr lange, und andere sagen, sie sterben sehr schnell. Beide weisen auf die zwei Seiten der Medaille hin. Der körperliche und geistige Abbauprozess geht langsam und da er miteinander verschränkt ist, braucht der Mensch eine ganzheitliche Fürsorge. Er kann viele Monate ohne Krise sein und dann kann ein Sturz, ein Infekt oder ein Magengeschwür plötzlich die Balance unterbrechen und den Allgemeinzustand drastisch verschlechtern.

Wann die letzten Wochen und Tage beginnen, lässt sich meistens nicht bestimmen. Demenz ist nicht so planbar wie Krebs. Zudem ist das Hinzuziehen einer fremden Person für einen sehr wahrnehmungseingeschränkten Menschen problematisch und für alle mit Unsicherheiten und Belastungen verbunden. Eine Einarbeitung und das Kennenlernen des Menschen brauchen Zeit, wenn sie die Sterbezeit nicht belasten sollen. Es kommt immer wieder in Pflegeeinrichtungen vor, dass Begleitungen begonnen und dann wieder abgebrochen werden, weil ein Mensch mit Demenz nicht »strukturgerecht« stirbt, d. h., eine Begleitung sich zu lange hinzieht. Abgebrochene Begleitungen sind dann für alle eine unbefriedigende Situation.

8 Frieden schließen mit Demenz und abschiedlich leben

Es wäre menschlicher, wenn wir uns von der Krankheit Demenz verabschieden und das Altern nicht zum »Gesundheitsrisiko« erklärten. Sowohl dementierende Menschen als auch ihre An- und Zugehörigen lebten mit den Herausforderungen besser, wenn die Veränderungen ein natürlicher Teil des Lebens sein könnten. Dann gäbe es die gleiche abnehmende Leistungsfähigkeit und eine vielfältige und zeitintensive Sorgearbeit, aber dementierende Menschen könnten ihre Kraft für die Entwicklung ihres eigenen Weges verwenden und müssten nicht existenziell um ihre Würde kämpfen. Es würde nicht so viel Kraft zum puren Überleben benötigt. Die Sorgearbeit könnte leichter und humorvoller sein und die Beteiligten könnten neue, andere Beziehungen entwickeln. So wäre die Zeit mit mehr positiven Gefühlen verbunden und mehr Menschen trauten sich in die Sorgearbeit hinein.

Die ganze Gesellschaft ist derzeit von Demenz betroffen und muss trauern um den Verlust der Unsterblichkeit. So stößt Demenz den postmodernen Menschen auf die ganz alte angstbesetzte Frage nach der Sterblichkeit. Stattdessen führt die Gesellschaft einen »Kampf gegen das Vergessen« und befindet sich »im Krieg mit der Demenz«. Das ist die Sprache, die noch gesellschaftlich führend herrscht:

»G8-Länder wollen Demenz stärker bekämpfen: Die acht wichtigsten Industrienationen (G8) wollen ihre Anstrengungen im Kampf gegen die Volkskrankheit Demenz verstärken. Nach einem Gipfeltreffen in London hieß es in der Abschlusserklärung der G8-Gesundheitsminister, man verpflichte sich dem Ziel, bis 2025 ein wirksames Medikament zur Heilung von Demenz oder zur wirksamen Verbesserung der Symptome zu entwickeln. Gleichzeitig wolle man die Forschungsausgaben deutlich steigern. Alle zwei Jahre solle auf G8-Ebene über die Forschungsergebnisse berichtet werden. Ein internationaler Forschungsfahrplan soll gemeinsam erarbeitet werden« (Beitrag in der »Tagesschau« am 11.12.2013). Diese Logik versuchen Reimer Gronemeyer und Andreas Heller zu verstehen: »Die Möglichkeit zum eigenen Tod wird herausoperiert aus dem Leben. Die moderne Medizin hat uns unfähig gemacht, mit dem Schmerz, der Einsamkeit, den Demütigungen des Alterns und dem Sterben sozial und menschlich umzugehen« (Gronemeyer u. Heller, 2015, S. 10).

Es geht um nichts weniger als um die Entscheidung, sich »kurativ« oder »palliativ« dem Lebensende zuzuwenden. Am besten kann man von Betroffenen lernen, denn sie wissen, wovon sie reden.

Zum Beispiel von René, dem Vater der niederländischen Journalistin Stella Braam. Er war Kinderpsychologe, hat sich im Alter mit Demenz beschäftigt und Vorträge gehalten noch bevor er selbst betroffen war. Als er die Veränderungen bei sich selbst bemerkte, reichte er seinen Kindern ein Buch: »Dieses Buch über Demenz sei ideales Informationsmaterial, meint René. Eines Mittags gibt er es Cees und mir mit den Worten: ›Das müsst ihr lesen. Dann wisst ihr, was euch bevorsteht.‹ ›Findest du das nicht schlimm?‹, frage ich perplex über seine plötzliche Offenheit.

René: ›Ach nein, es ist einfach Demenz. Das muss ich offensichtlich mitmachen. Ich bin Pragmatiker und habe gelernt, mit dem Strom zu schwimmen.‹

Auf der ersten Seite hat René mit Bleistift notiert: ›Gegen überzogene Antipolitik.‹ Und ›Nicht so traurig!‹ Man schreibt zu negativ über diese Krankheit, sagt er. ›Ich betrachte es vielmehr als Herausforderung: Was passiert am Ende des Lebens mit dem Geist? Alzheimer ist ein Abenteuer. Ich lasse mich darauf ein.‹« (Braam, 2007, S. 19).

Die schmerzhaften Erfahrungen, die beschrieben wurden, müssen gespürt und betrauert werden und die Trauer muss »freigelassen« werden. Das heißt, dass der Abschied vom Leben mit einer Demenz Aufgaben aufwirft: Die Errungenschaften des letzten Jahrhunderts haben das Leben verlängert. Es gab noch nie so viele Menschen über Hundert wie heute. Dennoch lebt der Mensch nicht ewig und das Abnehmen der körperlichen und geistigen Kräfte gehört zum Menschsein. Das muss akzeptiert und als Trauerschmerz erfahren werden. Die Anpassungsvorgänge sind vielfältig und betreffen die ganze Person in all ihren Dimensionen. Das fordert Kraft und verändert das Leben grundsätzlich. Und am Ende steht dann nicht der Tod, sondern eine gelebte Beziehung, ein Leben bis zuletzt.

»So möchte ich mit meinem Mann auch alt werden« ☺
»In der Mittagspause gehe ich durch die Grünanlage. Ein älterer Mann sitzt neben seiner Frau im Rollstuhl und singt ein sehr ruhiges, melodisches Lied in Russisch. Er hält dabei ihre Hand und streichelt sie. Ich setze mich nebenan auf die Bank und höre zu. Am Ende des Liedes applaudiert die Frau ihrem Mann und gibt ihm einen Kuss auf die Wange. Ich applaudiere mit.
 Der Mann lächelt mich an und sagt zu mir: ›Wissen Sie – meine Frau ist dement und wir können uns kaum noch unterhalten. Sie ist immer sehr unruhig und ich komme jeden Mittag, um zu helfen. Ich verstehe sie kaum noch. Aber singen können wir noch immer.‹ Die Frau drückt ihrem Mann die Hand, lächelt mich an und zwinkert mir mit einem Auge zu.
 Die Ruhe, die diese Situation ausstrahlte. Die Frau war entspannt und lächelte. Beide waren gelöst und bei sich in dem, was sie taten.

Ich war beeindruckt von dem Mann, mit welcher Liebe er seiner Frau vorsang und wie dankbar er war, einen Zugang zu seiner dementen Frau zu haben. Ich selber – so glaube ich – hab die ganze Zeit über gelächelt, weil ich die Situation als so süß empfand.«
(Logbucheintrag einer Teilnehmerin des Forschungsprojektes »Spirituelle Begleitung von Menschen mit Demenz im Kontext von Palliative Care im Altenpflegeheim«)

Steht am Ende die »Zustimmung« (Kübler-Ross) oder der »neue Selbst- und Weltbezug« (Kast) oder »eine dauerhafte Verbindung mit der veränderten Person und den eigenen Veränderungen inmitten des Aufbruchs in ein neues Leben« (Worden)?

»Der tägliche Umgang mit dem Vater ließ mich nicht mehr nur erschöpft zurück, sondern immer öfter in einem Zustand der Inspiriertheit. Die psychische Belastung war weiterhin enorm, aber ich stelle eine Änderung meiner Gefühle dem Vater gegenüber fest. Seine Persönlichkeit erschien mir wiederhergestellt, es war, als sei er der Alte, nur ein wenig gewandelt. Und auch ich selber veränderte mich. Die Krankheit macht etwas mit uns allen« (Geiger, 2011, S. 60).

Literatur

Becker, J. (1999). »Gell, heut geht's wieder auf die Rennbahn«. Die Handlungslogik dementer Menschen wahrnehmen und verstehen. Darmstadt: afw-Arbeitshilfe Demenz.
Berger, P. L., Luckmann, T. (2016). Die gesellschaftliche Konstruktion der Wirklichkeit. Frankfurt a. M.: S. Fischer.
Bild (2017a). Die schlimme Wahrheit über Alzheimer. Zugriff am 27.11.2017 auf www.bild.de/themen/specials/alzheimer/ratgeber-nachrichten-newsfotos-videos-22440522.bild.html
Bild (2017b). Schock-Diagnose für zweifache Mutter – Alzheimer mit 36! Zugriff am 27.11.2017 auf http://www.bild.de/ratgeber/gesundheit/alzheimer/alzheimer-so-jung-49625652.bild.html
Birkholz, C. (2009). Spiritualität. In M. Kloke, K. Reckinger, O. Kloke (Hrsg.), Grundwissen Palliativmedizin. Begleitbuch zum Grundkurs Palliativmedizin (S. 189–201). Köln: Ärzte-Verlag.
Birkholz, C. (2014). Demenz. Mit Herz. Praxis Palliative Care, 21, 32–33.
Birkholz, C. (2015). Bis mein Leben neue Knospen treibt. Ein Begleiter durch die Trauer. Ostfildern: Patmos.
Birkholz, C. (2016). Menschen mit Demenz aus Sicht der Hospizarbeit. In O. Dibelius, P. Offermanns, S. Schmidt (Hrsg.), Palliative Care für Menschen mit Demenz (S. 127–139). Bern: Hogrefe.
Birkholz, C. (2017). Spiritual Care bei Demenz. München: Ernst Reinhardt.
Bosch, C. F. M. (1998). Vertrautheit. Studie zur Lebenswelt dementierender alter Menschen. Wiesbaden: Ullstein Medical.
Bowlby, J. (2006). Verlust. Trauer und Depression. München: Ernst Reinhardt.
Braam, S. (2007). »Ich habe Alzheimer.« Wie die Krankheit sich anfühlt. Weinheim: Beltz.
Bryden, C. (2011). Mein Tanz mit der Demenz. Trotzdem positiv leben. Bern: Huber.
Buber, M. (2014). Das Dialogische Prinzip. Bielefeld: Gütersloher Verlagshaus.
Buijssen, H. (2008). Demenz und Alzheimer verstehen. Erleben – Hilfe – Pflege: ein praktischer Ratgeber. Weinheim: Beltz.

Buijssen, H. (2013). Die magische Welt von Alzheimer. 25 Tipps, die das Leben mit Demenzkranken leichter und erfüllter machen. Weinheim: Beltz.

Bundesministierum für Gesundheit und Frauen, Wien (o. J.). Zugriff am 15.10.2017 auf https://www.bmgf.gv.at/home/Gesundheit_und_Gesundheitsfoerderung

Caporael, L. R., Lukaszewski, M. P., Culbertson, G. H. (1983). Secondary baby talk: judgments by institutionalized elderly and their caregivers. Journal of Personality and Social Psychology, 44(4), 746–754.

Deutsche Alzheimer Gesellschaft e. V. (DAG) (2017). Die Alzheimer-Krankheit und andere Demenzformen. Zugriff am 28.11.2017 auf https://www.deutsche-alzheimer.de/die-krankheit.html

Deutsche Gesellschaft für Pflegewissenschaft e. V. (DGP) (2017). Ethikkodizes. Zugriff am 13.11.2017 auf http://dg-pflegewissenschaft.de/ethikkommission/downloads-2/

Deutscher Ethikrat (Hrsg.) (2012). Demenz und Selbstbestimmung. Stellungnahme. Berlin.

Doka, K. J. (1989). Disenfranchised grief. Recognizing hidden sorrow. New York: Lexington.

Doka, K. J. (2002). Disenfranchised grief. New directions, challenges, and strategies for practice. Champaign: Research Press.

Doka, K. J. (2010). Grief, multiple loss and dementia. Bereavement Care, 29, 15–20.

Dörner, K. (2012a). Helfensbedürftig. Heimfrei ins Dienstleistungsjahrhundert. Neumünster: Paranus.

Dörner, K. (2012b). Leben und sterben, wo ich hingehöre. Dritter Sozialraum und neues Hilfesystem. Neumünster: Paranus.

Duden (2016). Demenz. Zugriff am 11.12.2016 auf https://www.duden.de/rechtschreibung/Demenz

Feil, N. (2004). Validation in Anwendung und Beispielen. Der Umgang mit verwirrten alten Menschen. München: Ernst Reinhardt.

Feil, N., Bollwahn, B. (2017). Umgang mit dem Vergessen. »Demenz ist keine Krankheit«. Spiegel Online vom 21.112017. Zugriff am 22.11.2017 unter http://www.spiegel.de/gesundheit/diagnose/demenz-demenz-ist-keine-krankheit-a-1178265.html

Föllmi, D., Föllmi, O. (o. J.). Die Weisheit des Buddhismus Jahr für Jahr. München: Knesebeck.

Förstl, H. (2011). Demenzen in Theorie und Praxis. München: Springer.

Foucault, M. (1968). Psychologie und Geisteskrankheit. Berlin: Suhrkamp.

Freud, S. (1917). Trauer und Melancholie. Frankfurt a. M.: Fischer.

Funke, C. (2009). Eltern werden zu Kindern und bleiben doch die Eltern – Rollenwechsel durch Demenz. Persönliche Anmerkungen einer betroffenen Tochter. Zugriff am 22.11.2017 unter https://www.alzheimer-bw.de/fileadmin/AGBW_Medien/Dokumente/Demenzen/Menschen_mit_

Demenz_begleiten/Eltern%20werden%20zu%20Kindern%20und%20 bleiben%20doch%20die%20Eltern.pdf
Geiger, A. (2011). Der alte König in seinem Exil. München: Carl Hanser.
Geister, C. (2004). »Weil ich für meine Mutter verantwortlich bin.« Der Übergang von der Tochter zur pflegenden Tochter. Bern: Huber.
Gerhard, C. (2011). Neuro-Palliative Care. Interdisziplinäres Praxishandbuch zur palliativen Versorgung von Menschen mit neurologischen Erkrankungen. Bern: Huber.
Gronemeyer, R. (2013). Das 4. Lebensalter. Demenz ist keine Krankheit. München: Pattloch.
Gronemeyer, R., Heller, A. (2015). In Ruhe sterben. Was wir uns wünschen und was die moderne Medizin nicht leisten kann. München: Pattloch.
Gröning, K. (2014). Entweihung und Scham. Grenzsituationen in der Pflege. Frankfurt a. M.: Mabuse.
Hans, B. (2012). Niederländisches Demenzdorf Hogewey. Alles für den Augenblick. Spiegel Online vom 28.03.2012. Zugriff am 11.11.2017 auf http://www.spiegel.de/panorama/gesellschaft/demenzdorf-hogewey-in-den-niederlanden-a-823426.html und https://hogeweyk.dementiavillage.com/de/
Härle, W. (2010). Würde. Groß vom Menschen denken. München: Diederichs.
Illich, I. (2007). Die Nemesis der Medizin. Die Kritik der Medikalisierung des Lebens. München: Beck.
Innes, A. (2014). Demenzforschung. Das Erleben und die Versorgung von Menschen mit Demenz erforschen. Bern: Huber.
Jacobs, K. et al. (2017). Pflege-Report 2017. Schwerpunkt: Die Versorgung der Pflegebedürftigen. Zugriff am 25.11.2017 unter https://www.wido.de/fileadmin/wido/downloads/pdf_pflege/pflege-report/wido_pfl_pr2017_zusfas_0417.pdf
Jens, I. (2016). Langsames Entschwinden. Vom Leben mit einem Demenzkranken. Reinbek: Rowohlt.
Jens, T. (2009). Demenz. Abschied von meinem Vater. Gütersloh: Gütersloher Verlagshaus.
Jens, W., Küng, H. (2009). Menschenwürdig sterben. Ein Plädoyer für Selbstverantwortung. München: Piper.
Kainz, M. (2000). Der Tag, der in der Handtasche verschwand. Dokumentarfilm. Zugriff am 13.11.2017 auf
https://www.youtube.com/watch?v=vKUY4 mounhc
Kast, V. (1999). Trauern. Phasen und Chancen des psychischen Prozesses. Stuttgart: Kreuz.
Kitwood, T. (2008). Demenz. Der person-zentrierte Ansatz im Umgang mit verwirrten Menschen. Bern: Huber.
Klerk-Rubin, V. de, Sramek, G. (2002). Symbole: Der Schlüssel zur inneren Welt desorientierter alter Menschen. In C. Niebergall (Hrsg.), Validation® im

21. Jahrhundert. Festschrift zum 70. Geburtstag von Naomi Feil (S. 52–67). Berlingen: Tertianum ZFP.
Klie, T. (2014). Wen kümmern die Alten? Auf dem Weg in eine sorgende Gesellschaft. München: Pattloch.
Klug, M. (2017). Der Verlauf einer Demenz: Wenn Eltern Kinder werden und doch die Eltern bleiben. Zugriff am 15.11.2017 auf http://dzd.blog.uni-wh.de/der-verlauf-einer-demenz-wenn-eltern-kinder-werden-und-doch-die-eltern-bleiben/
Koch-Straube, U. (1997). Fremde Welt Pflegheim. Eine ethnologische Studie. Bern: Huber.
Kojer, M. (2009). Alt, krank und verwirrt. Einführung in die Praxis der palliativen Geriatrie. Freiburg i. Br.: Lambertus.
Kojer, M. (2014). Leid und Trauer der Angehörigen demenzkranker Menschen – unerkannt, aberkannt, übersehen. In C. Metz, D. Bürgi, Leid im Abseits. Aberkannte und nicht gesehene Trauer (S. 37–40). Göttingen: Vandenhoeck & Ruprecht.
Kojer, M., Schmidl, M. (2011). Demenz und palliative Geriatrie in der Praxis. Heilsame Betreuung unheilbar demenzkranker Menschen. New York: Springer.
Kojer, M., Sramek, G. (2007). »Der Tod kommt und er geht auch wieder«. Demenzkranke Menschen und der Tod. In A. Heller, K. Heimerl, S. Husebo (Hrsg.), Wenn nichts mehr zu machen ist, ist noch viel zu tun. Wie alte Menschen würdig sterben können (S. 231–245). Freiburg i. Br.: Lambertus.
Kooij, C. van der (2004). Demenzpflege: Herausforderung an Pflegewissen und Pflegewissenschaft. In P. Tackenberg, A. Abt-Zegelin (Hrsg.), Demenz und Pflege. Eine interdisziplinäre Betrachtung (S. 62–76). Frankfurt a. M.: Mabuse.
Kooij, C. van der (2017). Das mäeutische Pflege- und Betreuungsmodell. Darstellung und Dokumentation. Bern: Hogrefe.
Kübler-Ross, E. (2001). Interviews mit Sterbenden. München: Knaur.
Ling, T. L. (2016). Challenging aspects of bereavement and grief in older adults with dementia: A case series and clinical considerations. Journal of Gerontology & Geriatric Research, 5 (1), 1–5.
Luther, H. (1992). Religion und Alltag. Bausteine zu einer Praktischen Theologie des Subjekts. Stuttgart: Radius.
Markgraf, J., Müller-Spahn, F. J. (2009). Pschyrembel©. Psychiatrie, Klinische Psychologie, Psychotherapie. Berlin: de Gruyter.
Maslow, A. H. (2010). Motivation und Persönlichkeit. Reinbek: Rowohlt.
Maurer, K., Maurer, U. (1999). Alzheimer. Das Leben eines Arztes und die Karriere einer Krankheit. München u. Zürich: Piper.
Metz, C. (2012). Trauer und Demenz. In E. Schärer-Santschi, Menschen in Palliative Care und Pflege begleiten (S. 153–163). Bern: Huber.

Müller, H., Willmann, H. (2016). Trauer: Forschung und Praxis verbinden. Zusammenhänge verstehen und nutzen. Göttingen: Vandenhoeck & Ruprecht.
Müller, M. (2016). Trauergruppen leiten. Betroffenen Halt und Struktur geben. Göttingen: Vandenhoeck & Ruprecht.
Müller, M., Brathuhn, S., Schnegg, M. (2014). Handbuch Trauerbegegnung und -begleitung. Theorie und Praxis in Hospizarbeit und Palliative Care. Göttingen: Vandenhoeck & Ruprecht.
Ottawa-Charta zur Gesundheitsförderung (1986). Zugriff am 01.10.2017 unter http://www.euro.who.int/__data/assets/pdf_file/0006/129534/Ottawa_Charter_G.pdf
Paul, C. (2011). Neue Wege in der Trauer- und Sterbebegleitung. Hintergründe und Erfahrungsberichte für die Praxis. Gütersloh: Gütersloher Verlagshaus.
Reisberg, B., Ferris, S. H., de Leon, M. J., Crook, T. (1982). The Global Deterioration Scale (GDS): An instrument for the assessment of Primary Degenerative Dementia (PDD). American Journal of Psychiatry, 139, 1135–1139.
Rohra, H. (2012). Aus dem Schatten treten. Warum ich mich für unsere Rechte als Demenzbetroffene einsetze. Frankfurt a. M.: Mabuse.
Rosenberg, M. (2012). Mutter, wann stirbst du endlich? Wenn die Pflege der kranken Eltern zur Zerreißprobe wird. München: Blanvalet.
Rothe, V., Kreutzner, G., Gronemeyer, R. (2015). Im Leben bleiben. Unterwegs zu demenzfreundlichen Kommunen. Bielefeld: Transcript.
Rothermund, K., Mayer, A.-K. (2009). Altersdiskriminierung. Erscheinungsformen, Erklärungen und Interventionsansätze. Stuttgart: Kohlhammer.
Schinköthe, D., Wilz, G. (2011). Beziehungsveränderung, Trauer- und Verlusterleben bei Angehörigen von Demenzerkrankten. Ansätze für Therapie und Beratung. Familiendynamik, 36 (4), 286–295.
Schipperges, I. (2017). Alzheimer-Demenz. Wenn der Vater langsam verschwindet. Zugriff am 22.11.2017 unter http://www.spiegel.de/gesundheit/diagnose/alzheimer-demenz-wenn-der-vater-langsam-verschwindet-a-1167822.html
Schütte, A. (2006). Würde im Alter im Horizont von Seelsorge und Pflege. Der Beitrag eines integrativen dialogischen Seelsorgekonzepts in der palliativen Betreuung pflegebedürftiger Menschen in Altenpflegeheimen. Würzburg: Echter.
Sieveking, D. (2012). Vergiss mein nicht. Wie meine Mutter ihr Gedächtnis verlor und ich meine Eltern neu entdeckte. Freiburg: Herder.
Skladny, H. (2015). »Immer der erste Moment« – eine Projektbeschreibung. Was ästhetische Bildung innerhalb der Sozialen Arbeit zur Inklusion von Menschen mit Demenz beitragen kann. In T. Grosse, L. Niederreiter, H. Skladny (Hrsg.), Inklusion und Ästhetische Praxis in der Sozialen Arbeit (S. 173–190). Weinheim: Beltz Juventa.
Sölle, D. (1997). Mystik und Widerstand. »Du stilles Geschrei«. Hamburg: Piper.

Spiegel Online (2017). Alzheimer. Ich werde so verrückt im Kopf. Zugriff am 21.11.2107 auf http://www.spiegel.de/gesundheit/diagnose/alzheimer-wie-ein-mann-sein-leben-vergisst-a-1017775.html)

Spiegel, Y. (1995). Der Prozeß des Trauerns. Analyse und Beratung. Gütersloh: Gütersloher Verlagshaus.

Stolberg, M. (2011). Die Geschichte der Palliativmedizin. Medizinische Sterbebegleitung von 1500 bis heute. Frankfurt a. M.: Mabuse.

Stroebe, M., Schut, H. (1999). The dual process model of coping with bereavement: Rationale and description. Death Studies, 23, 187–224.

Taylor, L. (2010). Vorwort von Linda Taylor. In R. Taylor, Alzheimer und Ich. »Leben mit Dr. Alzheimer im Kopf« (S. 27–29). Bern: Huber.

Taylor, R. (2010). Alzheimer und Ich. »Leben mit Dr. Alzheimer im Kopf«. Bern: Huber.

Taylor, R., Haß, F. (2011). Interview mit Alzheimer-Patient »Ich bin hier derjenige, der stirbt«. Frankfurter Rundschau vom 15.05.2011. Zugriff am 15.10.2017 auf http://www.fr.de/panorama/interview-mit-alzheimer-patient-ich-bin-hier-derjenige-der-stirbt-a-917828

Tönnies, I. (2009). Abschied zu Lebzeiten. Wie Angehörige mit Demenzkranken leben. Bonn: Balance.

Weissenberger-Leduc, M., Weiberg, A. (2011). Gewalt und Demenz. Ursachen und Lösungsansätze für ein Tabuthema in der Pflege. New York: Springer.

Wetzstein, V. (2005). Diagnose Alzheimer. Grundlagen einer Ethik der Demenz. Frankfurt a. M.: Campus.

Whitehouse, P. J., George, D. (2009). Mythos Alzheimer. Was Sie schon immer über Alzheimer wissen wollten, Ihnen aber nicht gesagt wurde. Bern: Huber.

WHO (2016). Zugriff am 20.10.17 auf http://apps.who.int/classifications/icd10/browse/2016/en» \l «/F002016)

Wilz, G. Schinköthe, D., Kalytta, T. (2015). Therapeutische Unterstützung für pflegende Angehörige von Menschen mit Demenz. Das Tele.TAnDem-Behandlungsprogramm. Bern: Hogrefe.

Worden, W. J. (1982/2018). Beratung und Therapie in Trauerfällen. Ein Handbuch (5. Auflage). Bern: Hogrefe.

Zeit (2016). Alzheimer Forschung. Kein Erfolg gegen das Vergessen. Zugriff am 21.11.2017 auf http://www.zeit.de/wissen/gesundheit/2016–11/alzheimer-forschung-us-pharmakonzern-eli-lilly-solanezumab

Znoj, H. (2012). Trauer und Wissenschaft. In E. Schärer-Santschi (Hrsg.), Trauern. Trauernde Menschen in Palliative Care und Pflege begleiten (S. 38–58). Bern: Huber.